한계란 없다

한계란 없다

지은이 | 곽상학
초판 발행 | 2020. 12. 16
등록번호 | 제1988-000080호
등록된 곳 | 서울특별시 용산구 서빙고로65길 38
발행처 | 사단법인 두란노서원
영업부 | 2078-3352   FAX | 080-749-3705
출판부 | 2078-3331

책값은 뒤표지에 있습니다.
ISBN 978-89-531-3924-4 03230

독자의 의견을 기다립니다.
tpress@duranno.com   www.duranno.com

상상 FLEX, 신앙 PLUS

한계란 없다

곽상학
지음

두란노

아담의 범죄 이후 인간의 일생은 줄곧 한계 있는 인생입니다. 창조주 하나님의 무한한 공급으로부터 끊어졌기 때문입니다. 인생의 한복판에서 맞닥뜨리게 되는 비참한 한계 상황은 복음의 필연성을 더욱 부각합니다. 인문학적 상상력과 복음의 진수가 잘 조화된 이 책은 저자의 진솔한 신앙고백이자 삶의 결단입니다.

오랜 시간 동역하면서 보는 곽상학 목사의 재치와 창의성은 독서의 즐거움을 배가시킵니다. 특별히 코로나로 인한 뉴 노멀 시대에 건강한 그리스도인으로 살아가야 하는 시대적 요청 앞에 이 책을 추천하게 되어 기쁩니다. 시대가 바뀌어도 복음이 유일한 대안이라고 부르짖는 귀한 동역자를 소개하게 되어 행복합니다.

이재훈 목사 온누리교회 담임

부러웠습니다. 제가 쓰고 싶은 글을 먼저 썼기 때문입니다. 이미 한국 교계에서 대표적인 청소년 사역자로 알려진 저자의 신간《한계란 없다》는 얼핏 보면 적극적 사고방식이나 자기계발서처럼 보입니다. 하지만 이 책은 신앙의 4가지 핵심어인 십자가, 찬양, 복음, 믿음에 대한 즐거운 묵상입니다. 학자의 건조한 교리 설명이나 꼰대의 딱딱한 가르침이 아니라 정말 읽기에 재미가 있고 신이 납니다. 인문학적 통찰에서 나온 저자의 삶에 대한 이해는 깊고, 문학적 상상력을 통한 성경의 여백 읽기는 흥미진진합니다. 점점 교회에서 젊은이들을 보기 어려운 요즘, 이 시대의 언어로 복음을 그린 저자의 신간은 20대인 제 두 딸에게 권하고 싶은 좋은 책입니다.

최원준 목사 안양제일교회 담임

어떤 이는 말보다 글이 탁월한가 하면, 또 어떤 이는 글보다 말이 탁월하기도 합니다. 말과 글이 동시에 탁월한 사람은 흔치 않습니다. 말과 글이 좋으면서, 그 삶까지 훌륭한 경우는 더더욱 보기 어렵습니다. 그런데 제가 본 저자는 이 삼박자를 고루 갖추고 있습니다. 저자의 인생의 스토리를 알고 있기에 그의 삶의 체취가 글 속에 고스란히 묻어나고 있음을 느낄 수 있었습니다.

목사이자 교육자인 저자만큼이나 신앙과 삶의 문제를 균형 있게 다룰 수 있는 사람이 없다고 확신합니다. 이 글을 읽는 내내 감탄을 넘어 감동과 함께 예수 그리스도의 절절한 마음을 느낄 수 있었습니다. 삶 속에서 신앙을 고민하는 모든 분에게 강력하게 추천하고 싶습니다.

송대현 목사 대림교회 담임

"구정물 통을 흔들어 보아라. 악취가 풍길 것이다. 이제 향료 통을 흔들어 보아라. 향기가 솟아오를 것이다."

초대 교부 아우구스티누스가 고난에 일갈한 내용입니다. 누구나 살아가는 데 어려움을 겪지만, 저자는 특별히 고난이 많은 사람입니다. 향료 통을 흔들면 향기가 나듯이 저자의 고난은 그리스도의 향기를 발했습니다. 왜냐하면 그는 고난 속에서 항상 그리스도를 바라보았기 때문입니다.

저자는 세상의 이야기들, 사람들의 관심사, 소소한 일상 그리고 우리 주변의 것들을 복음과 탁월하게 연결했습니다. 우리는 이 책을 통해 그 어떤 것이라도 복음과 연결할 때 그 의미가 생기고 고귀한 가치로 변할 수 있다는 사실을 깨달을 것입니다.

백승렬 목사 서울호산나교회 담임

기독 서점에 가 보면 하나님 말씀을 잘 풀어 설명한 책들과 인문학 서적을 많이 만납니다. 하나님이 자신의 삶에 베푸신 은혜와 그 삶에서 배운 지혜를 노래하고 간증하는 책들도 발견합니다. 이 책이 참 인상적인 것은 이 모든 요소들이 한 권에 전부 담겨 있다는 점입니다. 저자는 하나님의 말씀, 인문학 지식, 삶의 경험들을 재료 삼아 우리 삶에서 역사하시는 하나님을 기막히게 설명합니다. 저자는 하나님 말씀으로 중심을 잡고, 치열하게 학습한 지식으로 말씀의 의미들을 풍성하게 풀어내고, 자신의 삶으로 그 말씀이 어떻게 실제화 되었는지를 보여 줍니다.

이 책을 다 읽고 마지막 책장을 덮을 즈음에는 하나님 말씀의 깊이와 넓이를 확인하게 될 뿐 아니라 그리스도 예수 안으로 부르신 신자의 인생에는 그 어떤 한계도 없다는 사실을 확신하게 될 것입니다.

김관성 목사 행신침례교회 담임

책을 읽는 동안 저자의 인문학적 소양과 능수능란한 표현력에 감탄을 거듭했습니다. 세상과 교회, 문학과 신학, 상식과 성경을 잇는 저자의 명쾌한 통찰과 문학적인 감수성에 높은 점수를 주고 싶습니다. 저자의 초점은 명확합니다. 예수를 신앙하는 삶 속에도 맞닥뜨리게 되는 엄연한 현실이라는 장벽이 있다는 것입니다. 그리고 그 장벽 앞에 주저앉아 있는 나를 일으켜 세우는 것이 주의 말씀이라는 것입니다. 스스로 설정해 놓은 한계 상황들 앞에서 절망할 수밖에 없지만, 그리스도의 십자가 안에서는 그러한 한계들을 허물어뜨리고 돌파할 수 있다는 것이 저자의 일관된 논지입니다. 세속화된 사고와 부정적 신념으로 둘러싸인 현실은 쉽사리 변하지 않습니다. 그러나 이 책을 통해 한계를 한계로 결론 내지 않으시는 주님의 지혜를 경험할 것입니다. 저자의 길라잡이로 진리 안에서의 자유를 회복하게 되기를 기도합니다.

여현구 목사 영복교회 담임

《한계란 없다》는 존재하는 것은 물론 존재하지 않는 것까지 찾아가는 저자의 통찰력과 상상력이 넘치는 책입니다. 각 부의 제목만 보아도 심상치 않은 책임을 알 수 있습니다. "상상하라, 그리고 신앙하라!"로 시작하는 프롤로그에서부터 도전이 시작됩니다.

정말 중요한 것은 눈에 보이지 않습니다. 상상하고 신앙하는 것이 지혜입니다. 단어 하나하나에도 가슴을 저릿하게 하는, 저자의 통찰과 상상이 돋보이는 이 책을 통해 많은 분이 마음과 생각 속에 엉클어져 있는 모순과 역설이 기쁨으로 반전되는 지혜를 얻을 수 있기를 기대합니다.

이웅상 목사 전 창조과학회 회장, 현 배움의교회 담임

오랫동안 청소년 사역을 해 온 저자의 글답게 젊은이들이 사용하는 언어들로 책이 통통 튑니다. 그러나 그 내용은 결코 가볍지 않습니다. 국어 교사로 살아 온 저자이기에 깊은 인문학적 소양이 탄탄하게 깔려 있습니다. 얼핏 보면 에세이적 인문교양서 같지만 이 책은 성경의 이야기입니다.

옛날 옛적 성경 인물들이 21세기의 옷을 입고 우리 앞에 서 있습니다. 몇 페이지만 넘겨 보아도 고개가 끄덕여지고 웃음이 새어 나옵니다. 그러다 '나는 어떻게 살아야 하는가'라는 묵직한 질문이 가슴에 남습니다. 좋은 책은 머리를 시원하게 하고 가슴을 뜨겁게 해 준다고 하는데, 이 책을 읽다 보니 어느새 시원한 통찰과 뜨거운 감동이 느껴집니다.

믿음의 사람들은 하나님의 붙드심으로 한계를 넘어 왔습니다. 그들의 이야기를 읽고 있으니 내게도 하나님을 향한 목마름이 생깁니다. 인생 한복판에서 하나님과 동행하고자 하는 모든 사람들에게 이 책을 기쁘게 추천합니다.

나계수 목사 예수그린교회 담임

목차

Part 1.

지상 최대의 역설,

십자가

Part 2.

슬픔에서 기쁨으로의 반전,

찬양

Part 3.

하늘 너머를 보는 통찰,

복음

상상 FLEX, 신앙 PLUS

프롤로그

상상하라, 그리고 신앙하라!

"장님 코끼리 만지기"라는 속담이 있다. '맹인모상'(盲人摸象)이라는 《열반경》(涅槃經)의 한 이야기에서 유래했다. 인도의 경면 왕이 맹인들을 모아 코끼리를 만져 보게 한 후 물었다.

"코끼리가 어떻게 생겼는지 말해 보아라."

코끼리의 서로 다른 부위를 만진 맹인들이 저마다 한 마디씩 내뱉었다. 머리를 만진 이는 코끼리더러 '돌'같이 생겼다고 말했다. 코를 만진 이는 '절굿공이' 같다고 했고, 다리를 만진 이는 '널빤지', 배를 만진 이는 '항아리', 꼬리를 만진 이는 '새끼줄' 같다고 말했다. 사람은 자신의 경험치를 넘어선 이해가 거의 불가능함을 보여 주는 대표적인 일화이다.

삼국시대에 들어온 도교에는 청룡, 백호, 주작, 현무라고 하는 상상의 동물이 있다. 실제로 본 적 없기 때문에 우리는 이 동물들을 그려 내기가 여간 힘든 게 아니다. 고대 중국인에게 코끼리가 그랬다. 중국 땅에서 코끼리가 멸종되면서 후대 사람들은 코끼리의 생김새를 알 턱이 없었다. 그러던 어느 날 인도에서 건너온 사람이 코끼리에 대해 이야기를 하는데 중국인들이 믿지 않았다. "세상에 그런 동물이 어디 있느냐?"는 것이다. 그래서 그는 그 증거로 코끼리의 뼈를 중국에 가지고 왔다. 중국인들은 그 뼈를 보며 코끼리(象)의 모습을 떠올렸다(想). 보지 못한 것의 증거를 가지고 '상상'(想像)하기 시작한 것이다. 그러고 보면 상상엔 믿음이 요구되나 보다.

믿음은 바라는 것들의 실상이요 보이지 않는 것들의 증거니
히 11:1

상상은 종종 상식을 뛰어넘어야 한다. 유명 디자이너의 패션쇼

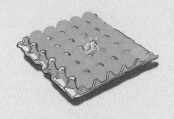

를 보면 "대체 누가 이런 걸 입어?" 하는 옷들이 나와 종종 사람들을 놀라게 한다. 파리의 유명 패션쇼인 오트 쿠튀르(Haute couture)에서 매년 선보이는 전위적인 의상들이 그렇다. 투명 비닐을 온몸에 두른 모델이 등장하는가 하면, 오리털을 덕지덕지 붙인 옷과 양파망처럼 생긴 옷을 뒤집어쓴 모델이 당당하게 런웨이를 걷는다. 독특한 정도가 아니다. 차라리 아방가르드에 가깝다. 그뿐만이 아니다. 유명 브랜드 자동차 회사들은 미래의 소비자 경향을 내다보며 콘셉트 카를 디자인하고, 공장의 생산 라인과는 상관없이 모터쇼를 전제로 상상 속의 드림카를 매년 선보인다. 그들은 왜 이런 '뻘짓' 퍼레이드를 이어 갈까? 주체 못할 정도로 돈과 시간이 넘쳐나는 걸까? 공상 놀이에 빠져 있나? 아니다. 그들은 한결같이 먼 지평선 위의 가능성을 보고 있다. 새로운 것을 상상해야 지금 무엇을 해야 할지를 알 수 있기 때문이다. 상상의 날개가 그 회사의 미래

인 것이다.

　진정한 상상은 망상의 허울을 쓰지 않는다. 뜬구름 잡기식의 헛
된 낭비가 아니다. 그래서 상상에는 스큐어모프가 필요하다. 새로
운 것을 만들 때 이미 익숙한 것과 연관 지어야 한다는 것이다. 예
를 들면, 디지털카메라나 스마트폰 카메라에는 셔터가 없지만 아
날로그 카메라의 셔터음을 넣어 사진 찍는 재미를 준다. 전자책 디
자인을 목재 책장으로 한다든지, 책을 열어서 볼 때도 종이가 넘어
가는 소리를 더해 종이 책을 꺼내 읽는 것 같은 실감을 더한다. 그
밖에도 인터넷 쇼핑몰의 장바구니, 애플 워치의 '디지털 크라운'도
스큐어모프의 한 예다. 특히 디지털 크라운 버튼을 중앙에서 살짝
벗어난 위치에 둔 것은 시계의 용두와 비슷하지만 어딘가 다르게,
묘한 익숙한 느낌을 준다. 때론 익숙하게, 때론 낯설게 하는 창의
적인 전략이다.

꿀벌의 창의력은 이미 소문이 자자하다. 꿀벌은 매년 두 무리로 나눠 일한다. 절반은 현재 위치에 그대로 머물고, 절반은 새롭게 이사할 들판을 찾는다. 현재 머무는 곳의 먹거리가 고갈되기 전에 일부 꿀벌이 멀리 나가 가장 풍요로운 들판을 찾는 것이다. 이때 꿀벌은 일종의 정찰대를 내보낸다. 이들은 사방으로 흩어져 서로 다른 방향으로 날아간다.

글쓰기는 현실을 베어 물고 소화하여 배설하는 행위라고 했던가? 게다가 창의적인 글쓰기는 존재하는 것과 존재하지 않는 것을 상상해야 한다. 인간도 익숙함과 낯섦 사이를 부단히 오가고 있다. 우리의 뇌는 예측 가능한 세상을 편안해하면서도 뜻밖의 놀라움을 추구한다. 인간만이 존재하지 않는 것을 상상할 수 있다. 또한, 그것들을 연결해야 한다. 비틀고 뒤집어 보아야 한다. 모든 것에 의구심을 품어야 한다. 넓게 보고 깊게 생각해야 한다.

"진짜 중요한 건 눈에 보이지 않아."

《어린 왕자》의 명대사이다. 그 말이 참 맞다는 생각이 든다. 정말 중요한 건 눈에 보이지 않는다. 다만 상상하고 신앙할 뿐이다.

알싸한 상상과 슴슴한 신앙의 콜라보레이션에 기대를 걸어 봐도 좋을까? 경거망동하지 말자. 다만 신중함과 함께 재치가 넘치고 창의적인 지혜자를 믿고(信) 따르자(仰).

나 지혜는 신중함과 함께 살며 재치가 있고 창의적인 지식을 소유하고 있다 잠 8:12, 우리말성경

2020년 12월

한계를 뛰어넘는 믿음의 세대를 꿈꾸며

곽상학

PART

1

Part 1.

지상 최대의 역설,
십자가

가시밭길을 꽃길처럼 걸어가신 당신처럼

바야흐로 '꽃길 전성시대'다. '꽃길'은 아름다움의 대명사인 '꽃'과 미래를 대변하는 '길'이 결합된 단어인데, 그 쓰임이 불길같이 번지고 있다. 사랑하는 사람에게 행복한 미래를 약속하는 당찬 이 포부를 누가 뭐랄 수 있겠느냐마는, 당최 인생은 꽃길 하면 떠오르는 클리셰와는 괴리가 있다.

이렇게 오지랖 넓혀 딴지를 거는 이유는 우리 인생 앞에 펼쳐진 길이 꽃내음 가득한 꽃길만이 아니기 때문이다. 인생의 뒤안길로 퇴장하는 그 순간까지 우리네 삶의 노정은 결코 낭만적이지 않다. 선택의 기로(岐路)에서 숨 막히는 결단을 내려야 하고, 비좁고 험한 애로(隘路)에서 한계를 경험할 것이며, 빠져나오기 힘든 미로(迷路)에서 갈팡질팡할 것이다. 그렇게 동분서주하다가 삶의 활로(活路)를 찾아내고, 마침내 내가 하나님의 언약 안에 있는 축복의 통로(通路)란 사실을 깨달을 것이다. 그렇게 인생 여정은 다양한 길 위에서 많은 것을 경험하며 흘러간다.

전 세계에 K-POP의 기세가 대단한 것은 멜로디 한 마디, 노랫말 한 소절을 위해 최고의 집중력을 쏟아 낸 탁월한 결과물들이기 때문이다. 가수 선미의 '가시나'는 그 탁월함이 돋보인다. 이 노래에서 '가시나'라는 한 단어에는 무려 세 가지의 뜻이 담겼다. 꽃의 줄기에 돋아난 '가시', 이별을 연상케 하는 '가시나요?', '아름다운 꽃의 무리'라는 순우리말의 '가시나'가 그것이다. 운율을 맞추는 라임(두운, 각운) 연구는 기본이고, 동음이의어를 사용하는 중의적 언어유희 개발, 나아가 우리말의 뿌리를 찾는 어원 연구까지. 이러한 각고의 노력이 이 노래가 대중들에게 전폭적인 사랑을 받게 된 이유가 아닐까 싶다.

'가시나'는 신라의 화랑 제도에서 그 연원을 찾을 수 있다. 화랑을 가시나라고 한 것이다. '가시'는 본래 '꽃'의 옛말이고, '나'는 무리를 뜻하는 '네'의 옛 형태에서 왔다. 화랑에서의 '화'(花)는 꽃의 옛말인 '가시'에 해당하며, '랑'(郎)은 '나'의 이두식 표기다. 즉 가시나는 '꽃의 무리'라는 뜻이다. 화랑이 처음에는 처녀들을 중심으로 조직되었기 때문에 처녀 아이를 가시나라고 불렀다. 그 후 15세기까지 '가시'는 '아내'의 뜻으로 쓰였으며, 여기서 나온 말이 부부를 가리키는 순우리말 '가시버시'이다.

'꽃길'이 알고 보니 '가시밭길'이라니, 이런 역설이 또 어디 있을까? "역설(逆說)로 말해야 가장 효과적인 역설(力說)이 될 수 있다"고 한 누군가의 말처럼 우리는 모순으로 가득 찬 말잔치 속에서 오늘을 살고 있다. 이미 말잔치로 유명해진 시인들은 그들의 작품 속에서 자신들의 입지를 단단히 다져 놓지 않았던가. 소리 없는 아우성을 노래한 '깃발'의 유치환, 결별이 이룩하는 축복을 노래한 '낙화'의 이형기, 외롭고 황홀한 심사를 노래한 '유리창'의 정지용, 찬란한 슬픔의 봄을 노래한 '모란이 피기까지'의 김영랑, 길이 끝나는 곳에서도 길이 있다고 한 '봄길'의 정호승 등 기라성같은 언어의 연금술사들이 역설로 진심과 진리를 노래하고 있다.

손동연 시인의 '져줍니다'라는 시 한 편 속에는 '가시나'의 중의와 역설이 다 들어 있다. 시인은 해가 '지는 것'을 '져 준다'고 표현했다. 해지면 달이 뜨고, 별이 돋는 당연한 자연의 이치를 져 주는 걸로 꾸민 것이다. 져 주어서 달이 돋고, 별들이 또랑또랑 눈을 뜬다는 말도 안 되는 모순인데도 "아, 그렇구나" 하고 맞장구를 치게 된다. 실로 아름다운 모순이다. 자연에 진실의 색을 더한 아름다운 모순이다. 태양의 힘을 '져 준다'는 인간사의 일로 바꾸어서, 우리 앞에 슬쩍 내민 시인은 '져 줄 줄도 알아라. 그게 같이 사는 거야'라고 속삭이고 있다.

태양이 없는 지구는 그저 암흑의 얼음 덩어리일 뿐이다. 그런 태양이 달과 별의 아름다운 존재를 위해 물러선다는 것이다. 해가 져야 세상이 밝아진다는 이 시의 역설은 자연스럽게 십자가의 역설로 이어진다.

> 그가 이 땅에 오신 이유 죽어야 살게 되고
> 져야만 승리하는 놀랍고 영원한 신비
> 지으신 그대로 회복시킨 우리의 창조주 그리스도
> 십자가의 길로 아버지 뜻 이루셨네
> 그가 이 땅에 오신 이유
> - '그가 오신 이유' 중

해가 져 줘야 우리가 쉴 수 있는 밤을 맞이할 수 있다. 지구를 위해 기꺼이 매일 져 주는 해처럼 반드시 져야만 승리하는 신비한 역설이다.

"No cross, no crown"(고난의 십자가가 없으면, 영광의 면류관도 없다)이라는 서양 속담이 있다. 이 말은 "No sweat, no sweet"(땀이 없으면, 달콤함도 없다)이나 "No pain, no gain"(수고가 없으면 얻는 것도 없다), "대가(代價) 없이 된 대가(大家) 없다"는 식의 말들을 파생시켰다. 그러나 원 속담은 이렇게 단순한 개념이 아니다. 십자가 고난으로 얻은 영광의 면류관은 왕의 금관이 아닌 '가시관'이기 때문이다.

로마 병사들이 가시나무로 엮어 만든 가시관이 예수님의 두피를 뚫고 들어간다. 자주색 옷이 입혀지고 "유대인의 왕, 만세!"라는 조롱과 함께 얼굴에 병사들의 손바닥이 날아온다(요 19:2-3).

예수님이 본디오 빌라도에게 재판을 받은 곳으로부터 골고다 언덕을 향해 십자가를 지고 걸었던 약 800미터의 길, '비아 돌로로사'(Via Dolorosa)는 가시관을 쓰고 채찍질을 당하며 걸어 올라가야 하는 저주의 길이었다. 군중들이 침을 뱉고 야유하는, 온갖 조롱과 멸시 가운데 무거운 나무 형틀을 직접 짊어지고 올라가야 하는 가시밭길이었다. 그 길이 십자가의 길이다.

십자가의 길 끝, 골고다 언덕에 십자가가 섰다. 십자가를 져야만 모든 어둠의 권세를 이길 수 있는 이 역설의 현장. 오로지 가시로 가득한 길을 통과해야만 꽃길에 도달할 수 있다. 너무나 고통스럽고 수치스럽고 포기하고 싶은 길이었지만, 그 길이 꽃길임을 아셨기에 그분은 묵묵히 걸어가셨다. 마치 꽃의 옛 우리말이 가시라는 사실을 아셨던 것처럼 그분은 그 가시밭길을 꽃길처럼 걸어가신 것이다. 당신이 먼저 길을 가셔야만 당신의 백성들을 아버지께로 인도할 수 있기 때문이다.

예수께서 이르시되 내가 곧 길이요 진리요 생명이니 나로 말미암지 않고는 아버지께로 올 자가 없느니라 요 14:6

그리고 그분은 우리를 그 길로 초대하신다. 걷기에 힘겹고, 보기에도 볼품없는 그 좁은 길로 초대하신다. 가시밭길로 보이지만 그 길은 실상 향기 가득한 꽃길이기 때문이다. 그러니 신나게 걸어갈 수 있다. 어떤 상황 속에서도 행복하게 걸어갈 수 있다.

"내가 걸어갈 때 길이 되고 살아갈 때 삶이 되는" 그 십자가의 길은 영원한 나라로 이어진 아름다운 길이니 말이다.

이에 예수께서 제자들에게 이르시되 누구든지 나를 따라오려

거든 자기를 부인하고 자기 십자가를 지고 나를 따를 것이니라

마 16:24

예수의 역사는 사랑의 역사다

자갈이 깔리고 물살이 약간 있는 여울에 앵두빛 구슬들이 올망졸망 모여 있다. 연어의 알들이다. 단풍이 곱게 물드는 계절이면 볼 수 있는 연어의 보물들이 그곳에 있다. 강을 거슬러 올라 자신이 태어난 곳을 찾아가 산란하는 연어는 모천 회귀성 어류다. 성장해 큰 바다로 나간 연어는 4~5년이 지난 후에 정확하게 자기 고향으로 찾아온다. 이러한 연어들의 습성은 아직도 그 이유가 정확히 밝혀지지 않은 신비한 현상이다. 연어의 또 하나의 신비한 점은 산란 직후 모두 죽는다는 것이다. 삶의 종착지와 때를 미리 정해 두고, 죽을힘을 다해 모든 에너지를 쏟아 결승점에 도달하는 연어의 최후는 경건하기까지 하다.

"학생 동지들! 죽은 물고기는 물이 흐르는 대로 둥둥 떠내려갑니다. 그러나 산 물고기는 아무리 급류를 만날지라도 목적지에 도달하기 위해 물을 거슬러 올라갑니다. 죽은 물고기는 목적이 없고, 산 물고기는 목적이 있습니다. 여러분은 목적을 갖고 급류를 거슬러 올라가는 살아 있는 물고기가 되기 바랍니다."

1949년 어느 청년 단체의 수양 강연회에서 백범 김구는 역수어(逆水魚) 정신을 갖자며 이와 같이 연설했다. 역수어는 물을 거슬러 올라가는 물고기란 뜻이다. 이 짧은 연설문은 광복 산하의 조국에서 청년들이 역수어가 되기를 바라는 간절한 소망을 담고 있다.

시대의 급류를 타고 넘은 연어(salmon) 같은 인물이 성경에 등장한다. 바로 살몬(Salmon)이다. 그가 어떤 인물인지 알기 위해서는 여호수아 시대로 거슬러 올라가야 한다. 모세는 싯딤에서 고별 설교를 하고 여호수아를 자신의 후계자로 공식 선포했다. 싯딤은 출애굽한 이스라엘 백성들이 모압 여자들과 음행하여 하나님의 심판을 받은 장소이다. 과거 실패의 자리에서 모세는 자신의 사역을 마무리하며 새 시대를 선포한다. 그렇게 이스라엘의 새로운 리더로 세워진 여호수아는 또 다시 싯딤에서 여리고성을 향한 정탐꾼 두 명을 세운다. 성서학자들은 그중 한 명을 살몬으로 추정한다.

살몬은 새벽녘에 또 다른 정탐꾼 한 명과 여리고성에 잠입했다가 라합의 집에 유숙한다. 그때 여리고 왕이 보낸 사람들이 라합의 집을 급습하고, 라합은 그들을 따돌리고 두 정탐꾼을 지붕 위에 널어놓은 아마 줄기에 숨겨 구해 준다. 라합은 정탐꾼들을 향해 담담한 신앙고백과 담대한 구원 요청을 하기에 이른다.

9 말하되 여호와께서 이 땅을 너희에게 주신 줄을 내가 아노라 우리가 너희를 심히 두려워하고 이 땅 주민들이 다 너희 앞에서 간담이 녹나니 10 이는 너희가 애굽에서 나올 때에 여호와께서 너희 앞에서 홍해 물을 마르게 하신 일과 너희가 요단 저쪽에 있는 아모리 사람의 두 왕 시혼과 옥에게 행한 일 곧 그들을 전멸시킨 일을 우리가 들었음이니라 11 우리가 듣자 곧 마음이 녹았고 너희로 말미암아 사람이 정신을 잃었나니 너희의 하나님 여호와는 위로는 하늘에서도 아래로는 땅에서도 하나님이시니라 12 그러므로 이제 청하노니 내가 너희를 선대하였은즉 너희도 내 아버지의 집을 선대하도록 여호와로 내게 맹세하고 내게 증표를 내라 13 그리고 나의 부모와 나의 남녀 형제와 그들에게 속한 모든 사람을 살려 주어 우리 목숨을 죽음에서 건져내라

수 2:9-13

어떻게 이렇게 정확한 신앙고백을 할 수 있을까? 유일하시고 창조주이시며 능력이 크신 하나님을 정확히 고백하는 이 용기는 어디에서 온 것이란 말인가. 살몬은 정탐을 마치고 떠나면서 라합에게 붉은 줄을 창문에 매달아 두고 자신을 기다리라고 했다. 살몬이 떠나자 라합은 붉은 줄을 창문에 매달고 식솔들을 모았다. 그리고 살몬을 기다렸다.

그 사람들이 그에게 이르되 네가 우리의 이 일을 누설하지 아니
하면 우리의 목숨으로 너희를 대신할 것이요 여호와께서 우리
에게 이 땅을 주실 때에는 인자하고 진실하게 너를 대우하리라
수 2:14

떠나는 살몬의 눈빛에서, 또다시 돌아온다는 약속의 목소
리에서 라합은 자애와 신실한 사랑을 느꼈다. '헤세드'(hessed)
가 부어지는 순간이다. 헤세드는 '하나님의 불변의 사랑', 곧
'자비'다. 붉은 줄을 통해 약속된 자비는 노아 시대의 방주
였고, 출애굽 시대의 어린 양의 피였다. 곧 유일한 구원의 방
법이었다.

라합은 살몬을 믿었다. 다른 사람이 뭐라고 하든지 그를
믿었다. 하루, 이틀도 아니고 돌아온다고 약속한 지 한 달이
훌쩍 지나 버렸지만 흔들리지 않았다. 그만이 비참한 삶의
굴레에서 해방시켜 줄 것이기 때문이다. 몇 번이고 다짐하
고 맹세했던 그 확실한 징표, 창문에 매 놓은 붉은 줄을 확
인하면서 말이다. 라합은 살몬을 잊을 수 없었다. 정탐을 마
친 살몬 일행이 여리고성을 간신히 빠져나가던 날, 3일 동
안 산에서 숨어 지내는 그들을 위해 라합은 얼마나 가슴 졸
이며 무사하기를 기도했을까. 믿음과 용기로 가득한 늠름한

그 청년, '꼭 다시 돌아오겠노라!' 약속하고 떠난 구원의 손길, 상상만 해도 벅찬 가슴 누를 길 없는 그 마음은 오매불망 몽룡만을 기다리던 춘향의 마음과 같았으리라.

어느 날, 큰 나팔 소리와 군인들의 함성이 들리더니 그 견고한 여리고성이 무너져 내렸다. 어떤 군사보다 가장 먼저 뛰어 들어가 창에 매인 붉은 줄을 찾은 살몬은 라합과 그녀의 가족들을 보호하고 안전한 곳으로 대피시켰다. 살몬은 정말로 그 맹세의 언약을 지킨 것이다.

살몬은 라합에게서 보아스를 낳고 보아스는 룻에게서 오벳을 낳고 오벳은 이새를 낳고 마 1:5

마태복음의 짧막한 기록만으로 살몬과 라합 커플 이야기를 다 아는 것처럼 말하기란 어렵다. 다만 분명한 것은 살몬과 라합은 부부로 맺어져 보아스라는 열매를 맺었다는 것이다. 보아스는 훗날 훌륭한 인품과 유력한 인물로 명성을 떨쳤고, 모압에서 온 이방 여인 룻을 사랑하게 된다. 밀밭에서 시작된 보아스와 룻의 사랑 이야기는 그 아들 이새의 가문과 다윗 왕가를 세워 가는 세기적인 러브스토리로 전해진다.

역사는 사랑의 역사여야 한다. 하나님은 사랑으로 역사를 경륜해 가시기 때문이다. 하나님의 사랑은 그의 아들 예수 그리스도를 통하여 이 땅에 실현하셨다. 라합의 러브스토리는 나의 러브스토리, 당신의 러브스토리, 그분의 러브스토리이기도 하다.

살몬의 신부가 된 라합은 모든 것이 바뀌었다. 모든 것이 새롭고 아름다워졌다. 그녀는 살몬을 만나 예수의 족보에 드는 명예를 얻었다. 이러한 그들의 러브스토리는 신부 된 우리가 신랑인 예수님을 만난 것과 같다. 하나님의 은혜가 부어지니 가나안 창녀의 인생이 하루아침에 달라진 것이다. 이것이 복음이다. 한 인간의 전 생애가 송두리째 바뀌는 것! 이것이 우리가 믿는 진리이다.

이렇듯 예수의 이야기는 사랑의 이야기이다. 사랑의 이야기는 언제나 희망과 기쁨과 용기를 준다. 라합의 러브스토리는 꺼져 버릴 뻔했던 한 인생에게 희망의 빛과 기쁨을 던져 준다. 살몬은 후대에 많은 이들의 입에 오르내리는 성경 인물은 아니지만 라합에게는 최고의 영웅이었다. 그는 인류의 구세주이신 예수님의 그림자라고 할 수 있다.

가수 강산에가 불렀던 '거꾸로 강을 거슬러 오르는 저 힘찬 연어들처럼'이라는 노래의 가사처럼 거꾸로 거슬러 오르

는 연어들이 있다. 힘차게 헤엄치는 이 녀석들이 짠하다. 힘
차게 거슬러 오르는 연어들은 실상 죽으러 가는 것이다. 산
란의 고통으로 죽기 위해 가는 것이다. 생명을 낳기 위해 생
명을 버리는 자연의 아이러니가 야속하다. 살리기 위해 죽
으러 올라가는 연어들을 보고 있자니 하늘 보좌에서 내려와
골고다로 올라가셨던 그분이 생각난다.

흔들리는 꽃들 속에서 네 예수 향이 느껴진 거야

'흔들리는 꽃들 속에서 네 샴푸 향이 느껴진 거야'라는 노래가 있다. 봄꽃이 흐드러진 어느 날, 바라만 보던 여인에게 용기 내어 고백하겠다는 한 남자의 다짐이 담긴 노래다. 이 노래가 OST로 삽입된 드라마가 인기가 좋아지면서 항간에 난데없는 꽃 타령과 샴푸 냄새 어쩌고 하는 이들이 곳곳에 넘쳐났다.

흔들리는 꽃이면 어떠랴. 그 누구도 바람에 흔들리는 꽃들의 사정은 고려할 여유가 없다. 그저 썸 타는 남녀들에게 전해지는 달달한 바이브가 애틋한 사랑의 불길에 기름을 끼얹을 뿐이다. 부는 바람 속에서 비명으로 신음하는 꽃들의 아픔을 누가 들어 줄까? 누군가의 핑크빛 병풍으로 존재하며 이 순간을 견디는 봄날의 슬픔을 누가 알아주랴.

도종환 시인의 '흔들리며 피는 꽃'이라는 시처럼, 바람은 꽃을 아름답게 피우고 줄기를 올곧게 세우는 데 필수불가결한 것으로, 꽃을 꽃답게 하는 일등공신이라 할 수 있다.

식물 전문가들도 말하기를 꽃의 생육에 필요한 필수 조건은 햇빛, 물, 그리고 바람이라고 한다. 햇빛의 광합성, 적절한 수분 공급과 더불어 바람이 흙 사이로 물길과 공깃길을 내어 과습을 조절한다고 하니, 가히 바람은 꽃이 꽃 되는 데에 있어 꼭 필요한 요소이다. 그러니 바람에 흔들리는 그 순간은 보람된 결실로 가는 가장 아름다운 때이다. 때론 애처롭고 안쓰러워 보일 수 있지만 꽃들에게 그 순간은 반드시 필요하다.

그 아름다운 시간은 그리스도인의 인생에도 반드시 찾아온다. 그 누구도 예외가 없다. 비록 고난과 시험이라는 마뜩찮은 모습이지만, 그리스도인이라면 필연적으로 맞게 되는 이 시간은 반드시 필요하다. 우리를 당신의 자녀로 빚어 가시는 주님의 고집과 열심이요, 주님이 만드신 시간이기 때문이다. 그 시간 동안 우리는 거칠고 험한 길을 걷게 된다. 그리고 마침내 그리스도인으로 완성시키겠다는 주님의 의지가 관철된다.

그런 주님의 완전한 사랑은 반드시 피할 길을 만들어 놓고 찾아온다. 피할 길이란 그 문제에서 도망갈 길이 아닌, 시험에 실패하여 하나님의 진노를 낳지 않는 순종의 길이다. 그 길로 피신해 승리로 가는 그리스도인의 모습은 때로 세상 사람들이 보기에 패배의 모습으로 비칠 수 있다. 돌에 맞아 죽는 스데반 집사나 감옥에 갇힌 바울처럼 말이다.

성도의 삶에 닥쳐오는 고난과 시험은 성도의 거룩을 완성하는 데 반드시 필요한 것이다. 그러므로 단순히 아픔과 슬픔의 눈물을 흘리며 주저앉아 있을 순 없다. 오히려 적극적으로 고난의 파도를 타고 넘어가 그리스도의 장성한 분량이 충만한 데까지 이르러야 한다. 그것이 성도의 능력이다. 하나님은 결코 우리에게 능력을 주시지 않는다. 하나님의 사랑이 우리를 온전히 사로잡아 당신의 능력을 우리의 삶을 통하여 나타내실 뿐이다. 그렇게 주님은 성도의 고백을 받아 내시고야 만다.

"주님, 제가 처했었던 그 괴로운 상황과 제게 깊은 상처를 주었던 그 사람이 제 인생에 보내 주신 사람 막대기와 인생 채찍이었군요. 그 지난한 세월을 통과하니 이제야 알겠습니다. 작은 예수로 빚어지는 자기 부인의 길만이 성도로 지어져 가는 생명의 길이네요."

봄 꽃구경으로 가득한 인파 속에서, 그것도 바람에 흔들리는 꽃들 속에서도 그녀의 샴푸 향을 느꼈다는 것은 그 향기가 여간 진하지 않았다는 것이다. 과연 향기는 그 존재만으로도 생명력을 발산한다. 공장에서 찍어 내는 조화가 들과 산에 핀 생화와 같을 순 없다. 요즘엔 거의 비슷하게 만든다고 하지만 먼지만 쌓이는 조화와 벌과 나비가 찾는 생화는 그 결국이 다르다. 진짜 꽃에는 생명의 냄새가 있다. 향기의 유무는 꽃의 쩐(진짜의 줄임말)과 짭(짝퉁의 줄임말)을 가려내는 결정적 요인이다.

향기요법이라고도 불리는 '아로마 테라피'는 식물의 향과 약효를 이용해서 몸과 마음의 균형을 회복시켜 주는 치료법이다. 극심한 스트레스에 노출된 현대인들에게 인체의 항상성 유지를 제공하는 자연요법 중 하나이다. 이렇게 마사지나 디퓨저 등을 통해 우리 일상생활에 깊숙이 들어와 있는 아로마 열풍은 본래 역한 냄새를 피하려는 인간의 본능에서 기인했다.

간혹 몸에서 심한 냄새가 사람에게 고린내가 난다고 말한다. 고린내는 실제로 어떤 물건이 곯아서 썩는 냄새라는 뜻이다. '곯다'는 말은 겉보기는 멀쩡한데 속이 상해서 썩은 냄새가 나는 것을 말한다. 사람의 몸이나 마음이 상해서 맥을 못 출 때도 곯다는 표현을 쓰는데 '술에 곯았다', '일에 곯았다' 같은 표현이 대표적인 예이다. 이처럼 '곯은 냄새'가 '곯은 내'로, 또다시 '고린내'로 변한 것이다. 이런 냄새를 맡기 거북하니 향수나 구강청결제가 발명된 것은 너무도 자연스러운 일이다.

현대인들의 필수품인 향수의 기원도 사실 의외다. 향수는 약 8천 년 전, 종교의식을 치르는 동안에 피웠던 향에서 비롯되었기 때문이다. 종교의식 중에 제물로 희생된 동물의 냄새를 없애기 위해 방향 성질이 있는 고무 수지나 나무를 태웠는데, 이때 사용된 물질이 유향, 몰약, 감송, 계피 등이었다. 예수의 탄생을 축하하러 갔던 동방박사들의 세 가지 선물이 황금, 유향, 몰약이 아니었던가. 예수님 탄신 축하 선물이 아로마 제품이었다니 동방박사들의 물건 고르는 안목이 참 탁월했다.

성자 하나님은 성부 하나님이 흠향하실 유향의 삶으로 이 땅에서 33년을 살다 가셨다. 극상품의 향기로운 아로마 인생을 사신 것이다. 그리고 그분은 우리에게 성령 하나님을 보내셔서 당신의 사랑을 부어 주셨다. 우리가 당신의 유향의 삶을 그대로 빼닮아 아로마 인생을 살 수 있도록 말이다. 우리 인생은 어떤가. 고린내 인생인가, 아로마 인생인가? 과연 우리는 흔들리는 꽃들 속에서 예수 향이 느껴지는 인생을 살고 있는가?

15 우리는 구원받는 자들에게나 망하는 자들에게나 하나님 앞에서 그리스도의 향기니 16 이 사람에게는 사망으로부터 사망에 이르는 냄새요 저 사람에게는 생명으로부터 생명에 이르는 냄새라 누가 이 일을 감당하리요 고후 2:15-16

뜨거운 주님의 시선은 곧 하트시그널이다

어떤 물건을 넣어 두기 위해 만든 나무 상자를 '궤'(櫃)라고 한다. 옛날 우리 선조들은 주로 돈이나 쌀같이 소중한 것을 궤에다 넣어 두곤 했다. 궤를 손바닥(掌)으로 감싼 모양을 '장궤'(掌櫃)라고 한다. 우리가 흔히 중국인을 '짱깨'라고 비칭하는데, 이는 한자어 장궤의 변형이다. 장궤는 '카운터(櫃)를 쥔(掌) 사람'이란 뜻이다. 한 업소의 돈줄을 쥐고 있으니 이를테면 주인이다.

이렇듯 '짱깨'는 재물에 대해 강한 집착을 보이는 중국인의 단면을 비꼬는 말이다. 하지만 그들도 억울한 게 세상에 돈 싫어하는 이가 어디 있겠는가. 돈이 가진 막강한 힘은 신의 자리를 넘볼 정도로 강력하지 않은가. 물질에 대해 자유

로운 사람은 거의 없다고 해도 무방하다. 더 이상 이 시대가 민주주의나 사회주의 같은 정치적 이데올로기 프레임에 좌우되지 않고, 배금과 황금의 '맘몬주의'에 의해 재편되는 것만 봐도 그렇다.

양을 치는 어느 지역에서는 양 떼를 도살장으로 몰고 갈 때마다 맨 앞에 세우는 염소가 있다고 한다. 도살장에 갈 때마다 살아서 돌아오기 때문에 이 염소가 앞장서면 양들이 안심하고 도살장까지 잘 따라간다고 한다. 양치기들은 이 염소를 '유다 염소'라고 부른다.

세상에서 가장 견디기 힘든 고통은 '믿었던 사람에게 배신당하는 것'이 아닐까? 이 땅에 오셔서 모든 고통을 다 겪으신 예수님도 친형제 같은 가룟 유다에게 당한 배신이 가장 힘드셨을 것이다. 수많은 무리 가운데 열두 명의 제자 그룹에 뽑힐 정도로 믿음과 열심을 소유한 가룟 유다가 왜 예수님을 배신했을까? 그가 예수님을 팔아넘긴 이유는 대체 무엇이었을까?

일부 역사학자들은 그가 예수님을 팔아넘긴 것을 애국적 행동으로 미화하기도 한다. 유다가 당시 조국의 독립을 위해 칼을 휘둘렀던 열심당, 셀롯당원이었다는 것이 그 이유다. 뮤지컬 '지저스 크라이스트 슈퍼스타'에서 유다가 애잔하게 부른 'Heaven on Their Minds'이라는 노래는 유다를 이 시대의 휴머니스트로 포장했다. 하지만 이 모든 것은 성경이 말하는 것과 다르다. 마태복음에는 유다가 예수님을 팔겠다고 결심하고 이를 실행에 옮기는 순간을 이렇게 묘사한다.

14 그때에 열둘 중의 하나인 가룟 유다라 하는 자가 대제사장들에게 가서 말하되 15 내가 예수를 너희에게 넘겨주리니 얼마나 주려느냐 하니 그들이 은 삼십을 달아 주거늘 마 26:14-15

'그때'란 언제를 말하는 것일까? 예수님이 베다니에 있는 나병 환자 시몬의 집에서 식사를 하신 적이 있었다. 그 자리에서 나사로의 동생 마리아가 귀한 향유를 예수님의 머리에 부었다. 그 사건 직후를 말하는 것이다. 그날 예수님께 부었던 향유는 300데나리온의 가치가 있었던 것으로 현재 화폐 가치로 환산하면 약 천만 원 정도다. 마리아가 이 고가의 향유를 예수님께 거침없이 붓는 순간, 가룟 유다의 입에서 불쑥 튀어나온 말은, "왜 향유를 낭비하느냐? 이 향유를 비싼 값에 팔면 가난한 사람들을 얼마나 잘 도울 수 있는데!"였다.

유다는 마리아의 예수님을 섬긴 행동을 낭비로 규정했다. 그가 정말 가난한 사람들을 생각해서 그런 말을 했을까? 제자 공동체에서 돈궤를 맡고 있었던 유다의 관심은 향유의 경제적 가치였다. 마리아가 향유를 주님께 붓지 않고 현금으로 가져왔더라면 그 거금이 자기가 맡은 돈궤로 들어왔을 거라고 생각한 것이다. 그러면 그 돈의 상당 부분이 유다가 부릴 농간의 대상이 될 수 있었다. 그는 돈주머니를 맡고 있으면서 거기에 있는 돈을 훔쳐가곤 했었다(요 12:6). 크게 한몫 챙길 절호의 기회를 놓치고 말았으니 유다의 속이 얼마나 쓰렸을까.

그때 예수님은 곧바로 마리아를 옹호하신다.

예수께서 이르시되 그를 가만 두어 나의 장례할 날을 위하여 그것을 간직하게 하라 요 12:7

유다는 예수님과 눈이 마주쳤던 순간, 자신의 마음 깊은 곳을 꿰뚫어 보고 계신 예수님의 깊은 시선을 느꼈다. 그 시선은 사랑하는 제자를 향한 '하트 시그널'이었다. 돌이키라는 권면이었고 돌아오라는 싸인이었다. 그러나 유다는 그 절호의 기회를 자기합리화와 가득한 분노로 날려 버렸다.

"난 억울해. 나에게는 충분히 그럴 만한 이유가 있어. 당신이 그동안 수고한 내 헌신을 알기나 해?"

모든 것이 들통나게 될 위기 앞에서 유다의 결정은 주님을 죽여 완전 범죄로 만드는 것이었다. 마침 예수를 죽이기 위해 혈안이 돼 있던 대제사장들도 있겠다, 손 안 대고 코를 풀 수 있는 절호의 기회를 포착한 것이다. 게다가 은돈 30이라는 짭짤한 부수입도 챙길 수 있었으니 유다에게는 그야말로 일석이조였던 셈이다.

사실 예수님은 이런 유다에게 회개의 기회를 여러 차례 주셨다. 마태복음 26장은 최후의 만찬 자리를 그리고 있는데, 이 만찬 석상에서 예수님이 제자들을 향해 이렇게 말씀하셨다.

"너희 중 하나가 나를 배반할 것이다."

철렁, 내려앉은 가슴을 쓸어내리며 유다는 예수님께 조심스럽게 물었다.

"선생님! 저는 아니지요?"

그러자 예수님이 대답하셨다.

"네가 말했다."

요한복음은 이 장면을 더 자세하게 묘사하고 있다.

26 예수께서 대답하시되 내가 떡 한 조각을 적셔다 주는 자가 그니라 하시고 곧 한 조각을 적셔서 가룟 시몬의 아들 유다에게 주시니 27 조각을 받은 후 곧 사탄이 그 속에 들어간지라 이에 예수께서 유다에게 이르시되 네가 하는 일을 속히 하라 하시니

요 13:26-27

오해하지 말자. 예수님이 유다에게 고의로 사탄을 집어 넣으신 것이 아니다. 빛 되신 진리 앞에 자신의 정체가 훤히 드러났을 때 유다는 회개의 눈물을 선택하지 않았다. 구겨진 자존심을 부여잡고 사탄의 음성을 선택했다.

'뭐야? 지난번 베다니에 갔을 때, 향유를 붓던 마리아 앞에서 나를 그렇게 망신 주더니 오늘은 뭐야! 이 좋은 저녁 식사 자리에서 또 나를 이따위로 취급해? 어디 십자가 형틀 위에서도 그럴 수 있나 보자!'

먹는둥 마는둥 표정 관리하기에 바쁜 유다가 충분히 상상된다. 이처럼 인간은 '진리'보다 '자존심'을 더 소중하게 여기는 법이다.

사실 유다가 예수님에 대해 심리적 불편함을 느낀 건 꽤 오래다. "하나님과 재물을 동시에 섬길 수 없다", "썩을 양식을 위하여 일하지 말고 영원한 양식을 위하여 일하라", "부

자가 하늘나라에 들어가는 것은 낙타가 바늘구멍에 들어가는 것보다 어렵다" 등 예수님은 재물의 위험성과 이 땅의 허무함에 대한 설교를 많이 하신 터였다. 그때 가장 안타까운 마음으로 염두에 둔 대상이 누구였을까? 사랑하는 제자 가룟 유다가 아니었을까? 하지만 유다는 스승의 말씀을 받아들일 마음이 없었다. 돈의 달콤한 맛을 끊을 수 없었다. 사랑과 진리를 저버린 강력한 탐욕은 그렇게 파멸의 길을 자초할 뿐이었다.

그 이후 유다는 본격적으로 치밀한 배신의 행보를 걷는다. 대제사장들 무리에게 "내가 입 맞추는 사람이 바로 그이니 그를 붙잡아 단단히 끌고 가라"고 하고는 결국 자신의 스승에게 다가가 입을 맞췄다. 아무리 깨우쳐도 듣지 않는 한 영혼, 그 완악함과 탐욕의 죄가 그들을 갈라놓은 것이다. 이처럼 돈 앞에서 진리를 무너트리는 인간의 모습은 이 시대에도 여전하다. 유다는 돈의 달콤한 죄의 유혹 앞에서 진리를 버리고 멸망한 어리석은 자의 대표다.

한 신학자에 의하면 3년 동안 예수님 일행의 식사비만 5천만 원 가까이 됐을 거라고 한다. 그렇게 돈궤를 맡은 유다는 예수님과 3년 동안 동고동락하면서 단단히 한몫을 챙겼다. 게다가 재산 증식의 방편으로 부동산 투자나 재테

크도 시도했다. 그러나 그 모든 시도가 허망하게 스러지고 만다. 스승을 팔아넘긴 양심의 가책으로 괴로워한 유다는 끝내 비참한 선택을 했다. 그것도 은돈 30으로 구입한 피밭에서 말이다. 노후대비하려다 사후대비까지 놓친 유다의 일생이 안타깝기만 하다.

가룟 유다에 대해 알면 알수록 두렵다. 유다에게서 발견하는 탐욕의 죄가 내게도 도사리고 있기 때문이다. 뱀처럼 똬리를 틀고 있는 그 죄의 욕구는 끝날 때까지 끝나지 않는다. 주인의 음성이 들릴 때 나는 언제라도 내게 맡겨진 것들을 내려놓을 수 있을까? '청지기'가 주인의 말씀을 듣고 지키는 자라는 것을 모르는 것도 아닌데 말이다.

차라리 태어나지 않는 게 나았을 것이라고 책망받은 유다의 '짱깨 인생'은 너무 서글프다. 그러니 우리는 영원한 하나님 나라의 주역으로 자리 잡을 '짱 좋은 인생'을 설계해야 한다.

장 폴 사르트르(Jean Paul Sartre)가 인생을 B(birth)-C(choice)-D(death)라고 말했던가. 태어나서(B) 죽는 순간까지(D) 나는 어떤 C를 채워 가야 할까? 영끌해 Cash로 채울까? 영원한 Christ로 채울까? 당신의 C가 궁금하다.

예수 그리스도의 옷자락으로 들어간다는 것은

백구의 향연이라고 하는 야구는 108개의 실밥으로 짜인 공을 방망이로 때려서 맞추고 1루, 2루, 3루를 거쳐 집(home)까지 총 108미터를 뛰어 들어와 1점을 얻는 경기다. 야구는 전 세계적으로 두터운 팬층을 확보하고 있는데, 그중에서도 루 게릭(Henry Louis Gehrig)과 베이브 루스(Babe Ruth)는 그 이름만으로도 야구 팬들의 가슴을 뛰게 한다. 야구의 본산, 미국에서도 아직까지 추앙받고 있는 야구의 영웅들이기 때문이다.

루 게릭은 뉴욕 양키스팀의 1루수이며, 4번 타자로서, 3번 타자인 베이브 루스와 함께 백만 불짜리 타선이라는 평을 받은 선수다. 그는 1925년 6월부터 1939년 4월까지 2,130게임 연속 출전이라는 메이저리그 최고 기록을 세워 철인이라는 별명을 얻었고, 1931년에는 한 시즌에 184타점이라는 아메리칸리그 신기록을 세웠으며, 홈런 493, 만루 홈런 23, 종신 타격률 0.341, 최고 수훈선수 표창 2회, 1934년 메이저리그 3관왕 등의 진기록을 세웠다.

루 게릭과 함께 양키스에서 전설의 타자로 활약했던 홈런왕 베이브 루스 또한 영웅의 면모를 다 갖추었다. 사실 그가 처음부터 잘나갔던 것은 아니다. 당시 명문 구단이었던 보스턴 레드삭스가 베이브 루스를 헐값으로 뉴욕 양키스에 이전시킨 것이다. 그러나 그 이후 뉴욕 양키스는 베이브 루스의 폭발적인 홈런에 힘입어 메이저리그의 최고 명문 구단으로 성장했고, 2002년까지 총 26회에 달하는 월드시리즈 우승을 차지하기에 이르렀다.

이처럼 야구 팬의 가슴에 영원히 남아 있는 이름, 야구계의 전설 베이브 루스와 이름이 같은 인물이 성경에 등장한다. 바로 룻이다. 착한 며느리의 대명사로 불리는 룻은 주로 효(孝)를 주제로 하는 설교에 자주 등장한다. 룻기를 본문으로 하고 있는 설교라면 대략 이런 흐름을 예상해 볼 수 있다.

"모압 여인인 룻은 유대인 엘리멜렉의 아들 말론과 결혼했지만 한순간에 과부가 되었습니다. 그러나 그녀는 동서 오르바와는 달리 친정으로 돌아가지 않았습니다. 도리어 베들레헴으로 돌아가는 시어머니를 좇아 유대 땅으로 갔고, 그 땅에서 시어머니를 잘 봉양했습니다. 그래서 하나님의 축복을 받아 보아스라는 근사한 청년과 결혼하여 행복하게 잘 살았습니다. 여러분도 부모님을 잘 섬겨 하나님의 축복을 누리시길 축원합니다."

이 정도의 권선징악적 교훈 서사로 룻기를 설교한다면 천상의 룻은 어떤 표정을 짓고 있을까? 과연 룻이라는 이방 여인을 주인공으로 하는 룻기가 진짜 강조하려는 것은 무엇일까?

룻기는 단순한 '효도를 통한 축복의 이야기'가 아니다. 오히려 '언약 백성과 하나님과의 관계' 그리고 '오실 메시아에 관한 구속의 이야기'로 가득하다. 룻이 살던 당시 이스라엘은 하나님 앞에 소망이 없고, 절망적으로 기울어져 있던 사사시대였다. 사람들은 하나님 대신 스스로 왕이 되어 자기 소견에 옳은 대로 행했다. 하나님이라는 절대적 기준은 사라지고, 자기가 삶의 기준이 되어 스스로의 힘으로 살았던 영적 암흑의 시기였다.

그래서 룻기에는 시대적 상황과 맞물린 하나님의 심판이 책 곳곳에 묘사되어 있다. 흉년은 전형적인 언약적 심판의 모습이다(레 26:14-20). '떡집'이라는 이름의 땅인 베들레헴에 흉년이 들다니 이것은 심판의 서막이다. 고향을 떠나 모압 땅으로 이주하는 나오미 가족의 모습 또한 약속의 땅을 떠날 수밖에 없는 심판의 전형이다. 역사적으로 이스라엘이 땅을 빼앗기고 포로로 끌려가는 것은 하나님의 심판이요 섭리였다(레 26:27-33). 그뿐만 아니라 남편이 죽어 과부가 된 나오미의 처지도 심판적 상황으로 묘사된다.

이는 너를 지으신 이가 네 남편이시라 그의 이름은 만군의 여호
와이시며… 사 54:5

성경에서 남편과 아내의 관계는 일관되게 하나님과 그분
의 백성의 관계를 상징하고 있다. 그것도 세 여자, 시어머니
나오미와 두 며느리 오르바와 룻이 모두 과부가 된 것은 남
편인 하나님을 상실한 이스라엘을 모형하고 있는 것이다.

룻기의 마지막이 상당히 이상하게 끝나는 것도 주목해야
한다. 언뜻 보면 옛날 동화책 같은 구성을 취하는 룻기는, 희
한하게도 '기-승-전-족보'로 마친다. 감동적인 이야기 끝에
어색하게 붙어 있는 이 족보는 도대체 무슨 의미일까? 그것
도 아브라함으로 시작되는 족보가 아닌 베레스로 시작해서
다윗으로 끝나는 족보라니…. 베레스는 유다와 다말, 즉 시
아버지와 며느리 사이에서 태어난 패륜의 결실 아니던가.
뱃속에서 쌍둥이 형제인 세라를 밀치고 나왔다고 해서 히브
리어로 '밀다, 치다'는 뜻의 '베레스'라는 이름을 갖게 된 그
가 바로 이 족보의 시작이다. 족보는 다윗으로 이어지고 결
국엔 예수님으로 완성된다.

다말을 비롯해 여리고의 창녀 라합, 다윗의 불륜녀 밧세
바, 이방 여인 룻! 이 족보에 등장하는 이름을 쭉 나열하자

니 하나같이 제대로 된 인생이 없다. 이런 이력서를 가진 사람들의 가문을 통해 짐승의 여물통으로 오신 분이 우리 예수님이다. 더 이상 내려갈 곳이 없는 가장 낮고 천한 곳으로 오셔서 우리의 연약한 처지를 체휼하시는 것이다.

룻기는 시종일관 '사사시대가 어떻게 끝나는가?'를 보여 주고 있다. 그래서 룻기가 '지금은 사사시대다'로 시작해서 '이제는 다윗의 계보다'라고 마무리 짓는 것이다. 제 소견에 옳은 대로 행하는 사사시대가 어떻게 끝났는가? 바로 보아스의 구속 행위로 결론짓는다.

룻기 2장부터 마치 위기에 처한 공주님을 구하는 왕자님처럼 보아스가 등장한다. 룻기가 아니라 '보아스기'라고 해도 손색없을 만큼 중요한 인물이다. 룻기의 진짜 주인공은 보아스다. 당시 이스라엘에는 고엘제도가 있었다. 형제가 자식 없이 죽으면 계대결혼을 통해 그 공동체를 존속시키기 위한 선한 전통이다. 공동체 구성원들의 생명과 재산과 가문을 지켜 주기 위한 일종의 구휼 시스템이다. 이러한 공동체의 규율에 따랐을 때 보아스는 룻의 죽은 남편과 가장 가까운 형제로, 그녀와 결혼하여 기업을 이어 줄 책임이 있었다. 따라서 정식으로 기업 무를 사람이 되어 달라는 요청을 받게 된 것이다.

이르되 네가 누구냐 하니 대답하되 나는 당신의 여종 룻이오니 당신의 옷자락을 펴 당신의 여종을 덮으소서 이는 당신이 기업을 무를 자가 됨이니이다 하니 룻 3:9

'무르다'란 '다시 찾아온다'(redeem)는 뜻이고, '기업 무를 자'란 곧 '구원자'(redeemer)란 뜻이다. 하나님이 이스라엘을 향하여 "…너는 두려워하지 말라 내가 너를 구속하였고 내가 너를 지명하여 불렀나니 너는 내 것이라"(사 43:1)고 선언된 말씀 속에서 '구속'이 바로 고엘이다.

또한 고엘은 어미 새의 날개와 관련이 깊다. 룻이 말한 "당신의 옷자락"과 보아스가 말한 "여호와의 날개"(룻 2:12)는 같은 의미다. 히브리어로 '카나프'라고 하는 옷자락과 날개는 주의 보호하심을 뜻한다. 룻이 예수 그리스도로 모형되는 보아스의 옷자락으로 들어간다는 것은 고엘이신 주님께 자신을 완전히 의탁하는 행위라고 볼 수 있다.

고엘을 말하는 룻을 효녀 심청의 자리에 올려놓았던 그간의 실수를 다시 범해선 안 된다. 성경은 그렇게 얄팍한 도덕적 교훈이나 신변잡기로 채워진 책이 아니다. 풍성하신 주의 은혜와 그리스도의 구속이라는 빛나는 보석으로 가득한 하나님의 말씀이다. 룻기를 다시 봐야 한다. 우리를 위하여 대신 져 주신 예수님의 십자가 사건을 발견해야 한다. 구속하신 주, 예수님의 고엘 행위에 믿음으로 의탁할 때만이 저 주의 사사시대를 탈출할 수 있다.

보아스는 장로들과 성문에 있던 사람들 앞에서 룻을 아내로 선포한다. 그 자리에서 사람들이 보아스를 향해 이렇게 축복한다.

> 성문에 있는 모든 백성과 장로들이 이르되 우리가 증인이 되나니 여호와께서 네 집에 들어가는 여인으로 이스라엘의 집을 세운 라헬과 레아 두 사람과 같게 하시고 네가 에브랏에서 유력하고 베들레헴에서 유명하게 하시기를 원하며 **룻 4:11**

모압이라는 이방 땅에서 태어났지만 한 남자의 은혜의 날개에 감싸인 룻은 훗날 메시아가 태어나는 베들레헴에서 완전한 사랑을 누리게 되었다. 우리 하나님과 구주 예수 그리스도의 의로 인해 보배로운 믿음의 길을 걷게 된 것이다.

베이브 루스를 검색하다가 베들레헴의 룻을 탐색할 수 있었다. 그러다 보니 자연스레 구원의 루트(root)를 사색하고, 일상의 루틴(routine)을 모색했다. 은혜 아니면 한 발짝도 뗄 수 없는 연약함을 고백한 채로.

얘들아 물고기를 좀 잡았느냐

프랑스어로 친구를 '몽아미'(mon ami)라고 한다. 종합 문구 회사 '모나미'(Monami)의 이름이 이 단어에서 착안한 것이다. 모나미는 이름값을 톡톡히 했다. 1963년에 처음 출시된 '153 볼펜'은 그야말로 전 국민의 익숙한 벗이었다. 세련된 흑백의 미적 감각과 그립감을 극대화한 육면체 몸통은 각 세대 저마다의 추억을 불러일으킨다. 연필 한 자루가 귀하던 시절에는 몽당연필을 이 볼펜대에 끼워 사용할 정도였으니 명실상부한 국민 볼펜이라고 말할 수 있다.

그런데 이 볼펜 이름에 153이란 숫자가 붙은 사연이 놀랍다. "시몬 베드로가 올라가서 그물을 육지에 끌어올리니 가득히 찬 큰 물고기가 백쉰세 마리라 이같이 많으나 그물이 찢어지지 아니하였더라"는 요한복음 21장 11절의 내용에서 착안했다는 것이다. 153 볼펜 개발을 진두지휘했던 송삼석 모나미 회장은 회고록을 통해 "153 볼펜은 예수님의 말씀을 믿고 의지하여 따르면 많은 성과를 올릴 수 있다는 것을 의미하는 상징적인 숫자였다"고 작명 배경에 대해 설명했다. '주의 말씀에 순종해서 물질의 축복을 받았다'라고 하는 전형적인 기복 프레임이 조금은 실망스럽지만, 153이라는 완벽한 숫자를 세상에 드러낸 공은 인정할 만하다.

요한복음은 이 말씀으로 끝맺는다.

예수께서 행하신 일이 이 외에도 많으니 만일 낱낱이 기록된
다면 이 세상이라도 이 기록된 책을 두기에 부족할 줄 아노라
요 21:25

이 세상이라도 다 담을 수 없는 그 방대한 그리스도의 콘
텐츠 속에서 알토란만 기록한 것이 요한복음이라면 어느 구
절도 무의미한 기록은 없다. '예수님 말씀에 순종해서 물고
기를 많이 잡았다'라고만 하지 않고 구체적인 숫자가 등장
한 것은 분명히 중요한 의미가 있다. 말씀을 사랑해서 묵상
하고 연구하면 그 의미를 발견하게 된다. 시편의 시작 말씀
처럼 오직 여호와의 율법을 즐거워하고 그 율법을 밤낮으로
깊이 생각하는 복 있는 사람만이 알게 되는 것이다.

카오스(chaos)의 세상을 코스모스(cosmos)로 만드신 하나님
은 질서의 하나님이다. 질서는 곧 수학이고, 수학은 과학이
다. 그래서 성경은 그 어떤 과학책보다 과학적이다. 법, 음
악, 미술, 경제, 인문, 의학, 정치 모든 분야를 망라한 책이
성경(聖經)이다. 거룩한(聖) 분의 경륜(經綸)이 담긴 책이다.

153은 매우 특별한 수다. 수학에서 '트리플 큐브 넘버'(triple cube number)라고 불리는 수이기 때문이다. 트리플 큐브 넘버란 각 자리 수를 각각 세제곱해 더한 값이 원래 자신이 되는 수다. 즉 1의 세제곱 1, 5의 세제곱 125, 3의 세제곱 27을 각각 더하면 153이 된다. 100에서 1,000 사이에 단 네 개만 존재하는 희귀한 수(153, 370, 371, 407)다. 수학에서 세제곱이란 정육면체(cube)를 의미한다. 구약에 나오는 성막 안의 지성소도 정육면체다. 그곳은 1년에 한 번 대제사장만이 들어갈 수 있었던 지극히 거룩한 장소이고 구별된 장소다. 이처럼 트리플 큐브 넘버는 구별된 거룩한 수이다.

153의 특별함은 히브리어와 헬라어, 라틴어 등에 있는 수신학에서 또 찾아볼 수 있다. 이 글자들의 알파벳에는 각각 숫자값(numerical value)이 있는데, '하나님의 아들들'을 뜻하는 히브리어 '베니 하 엘로힘'의 숫자값이 153이다. 세상이라는 바다에서 허우적거리고 있는 잃어버린 하나님의 자녀들이 떠오르지 않는가.

"얘들아, 물고기를 좀 잡았느냐?"

부활하신 주님이 베드로와 제자들을 찾아오셔서 하신 말씀이다. 베드로를 처음 만났던 자리에서 "나를 따르라. 내가 너희를 사람 낚는 어부가 되게 하겠다"고 하신 예수님이 베드로의 그 숱한 실수와 배신에도 불구하고 또 다시 찾아오신 것이다. 베드로가 누구인가. 3년 동안 따라다녔던 주님을 세 번이나 부인한 자가 아닌가. 그 후 베드로는 고향으로 돌아와 다시 옛날의 삶으로 되돌아가 그물질을 시작했다. 예수님은 그런 베드로를 다시 찾아오셨다. 그리고 "베드로야, 나를 따라와야 한다. 나는 너를 반드시 사람을 낚는 어부로 만들고 말 것이다"라고 다시 선언하셨다.

"그물을 배 오른편에 던져 보아라. 그러면 물고기가 잡힐 것이다."

전직 목수가 현직 어부에게 하기엔 좀 어색한 말이 아닌가. 그러나 그분은 부활의 메시아다. 물고기를 153마리나

건지고도 그물은 찢어지지 않았다. 이 상황은 예수님을 처음 만난 그날을 떠올리기에 충분했다. 부활의 주님이 준비한 조찬 자리에 베드로와 제자들이 앉았다. 숯불 앞에 앉아 있는 베드로의 표정이 어땠을까? 주님이 주신 떡과 물고기를 받아 든 면목 없는 두 손은 얼마나 떨고 있었을까?

"요한의 아들 시몬아, 네가 나를 사랑하느냐?"

세 번의 실수가 생각나는 그 세 번의 질문에 베드로는 얼마나 당황스러웠을까?

"내 양 떼를 먹여라."

사람 낚는 어부로 다시 부르시는 그 소명의 음성은 얼마나 벅찼을까? 물고기 153마리는 이 세상에 흩어져 있는 하나님의 아들들이다.

"베드로야, 너는 먹고사는 것에 얽매인 인생이 아니다. 더 이상 어부의 인생이 아니다. 앞으로 너는 잃어버린 내 자녀들을 찾아오는 위대한 인생을 살아가게 될 것이다. 나는 너를 끝까지 포기하지 않는다."

부활의 주님은 그렇게 베드로를 찾아오셨다. 그렇게 제자들을 찾아오셨다.

하마터면 우리는 위대한 베드로 사도를 잃어버릴 뻔했다. 복음의 증인이 된 위대한 제자들을 다 잃어버릴 뻔했다. 그런데 누가 말리랴. 예루살렘과 온 유대와 사마리아 땅 끝을 다 뒤지시는 주님의 열심을. '다시 시작하게' 기회를 주시는 주님의 사랑을.

십자가, 우리를 다시 찾기 위해 치른 대가

세상에 태어나 살아온 지 백일이 조금 넘은 아기가 사진관을 찾았다. 백일 기념 촬영에 무려 네 명의 어른을 대동하고서 말이다. 아기 엄마와 아빠는 물론이거니와 할아버지, 할머니까지 삼대가 총동원된 이 나들이는 오늘의 주인공이 최상의 컨디션으로 사진을 찍어야 하는 막중한 임무를 완수해 내야 한다.

사진관 내 어른들은 백일 맞은 주인공이 카메라를 향해 "꺄르르" 한번 웃어 주면 하나같이 열혈 관중이 되어서 환호성으로 응답했다. 간혹 아기가 카메라 렌즈에 시큰둥해지면 어른들의 긴장감도 함께 춤을 췄다. 그들은 아기의 일거수일투족에 초집중하며 함께 웃고 함께 힘들어했다.

사진관에는 아기 가족 외에 이 일에 베테랑임을 자부하는 사진 작가가 있다. 그는 그저 카메라 셔터만 누르는 것으로 그 자리를 유지하고 있지는 않았다. 익살스럽고 다채로운 표정을 기본으로 장착하고 절도 있고 군더더기 없는 멘트로 집중력이 떨어진 백일 된 피사체를 최고의 순간으로 끌어올렸다. 그중 단연 압권의 멘트는 "울랄랄라 도리도리 까꿍!"이다. 신기하게도 이 소리가 들리면 아기가 방긋거린다.

이미 오래전 우리 선조로부터 전해져 온 전통 육아법이 있었는데, '단동치기십계훈'(檀童治基十戒訓)이 그것이다. '단 군왕검의 혈통을 이어받은 배달의 아이들이 지켜야 할 열 가지 가르침'이란 뜻인데, 0세에서 3세까지의 아기를 어르 는 방법이 들어 있다. 줄여서 '단동십훈'이라고 하는 이 가 르침은 다소 생소하지만 이미 우리가 알고 있는 내용이다. 의성어거나 의태어로 지금도 많이 쓰고 있는 '도리도리 까 꿍', '곤지곤지', '쥠쥠', '어비어비'가 여기에 포함되어 있다.

하나하나 그 의미를 살펴보면 다음과 같다. 우선, 머리를 좌우로 흔들면서 아기를 어르는 이 '도리도리'는 길 도(道)에 다스릴 리(理)를 쓴다. 즉 '하늘의 도리'라는 뜻이다. 둘째, 까 꿍은 '각궁'에서 나왔는데 깨달을 각(覺)에 몸 궁(躬)을 쓴다. '몸이 생겼음을 깨닫다'라는 뜻이다. 이 두 단어는 함께 연 결해서 쓰이는데, '천지 만물이 하늘의 도리로 생겼으니 너 도 하늘의 도리에 따라 생겼음을 깨달으라!'는 뜻이다.

셋째, '곤지곤지'는 오른손 집게손가락을 왼손바닥에 찧 는 동작을 동반하는데, 이 말은 '건지곤지'(乾知坤知)로부터 유래했다. 여기에는 하늘 건(乾), 땅 곤(坤)을 쓴다. '하늘과 땅의 이치를 깨달으면 천지간 무궁무진한 조화를 알게 된 다'는 뜻이다.

넷째, 두 손을 쥐었다 폈다 하는 죔죔은 '지암지암'(持闇持闇)에서 유래했다. '무언가를 쥘 줄 알았으면 놓을 줄도 알아라' 하는 가르침이 담겼다.

다섯째, 아기가 위험한 곳에 손을 대려고 할 때 '어비어비' 하면서 못 하게 하는데, 이는 어떤 일(業)을 함에 있어 도리와 어긋남(非)이 없어야 한다는 뜻인 '업비업비'에서 유래했다.

우리가 어렸을 적부터 무수히 들었던 '도리도리 까꿍', '곤지곤지', '죔죔', '어비어비'에 이렇듯 인생을 통찰하는 철학이 깃들어 있었건만 그동안 그렇게 무심했다니 어안이 벙벙하다. 그저 카메라 앞에서 어른들이 원하는 아이의 표정을 유도하기 위해서만 사용하기에는 선조들께 죄송하다.

"아가야, 하늘과 땅의 이치를 깨달으면 인생에 어려움을 겪더라도 쉬이 견딜 수 있을 테니 앎을 위한 노력을 게을리하지 말거라. 도리도리 까꿍, 너는 하늘의 도리에 따라 생긴 귀한 존재란다."

기원전 8세기 무렵, 이스라엘 왕 여로보암 2세가 통치하던 시대에 하나님의 독특한 소명을 받고 예언 활동을 한 선지자가 있었으니, 호세아가 그 주인공이다. 하나님은 호세아의 불행한 결혼 생활을 통해 자기 백성들을 향한 하나님의 애절한 마음을 드러내고자 하셨다. 하나님의 명령으로 호세아는 창녀인 고멜과 결혼하여 세 자녀를 낳는다. 호세아가 지극정성으로 고멜을 사랑하며 아꼈지만, 고멜은 호세아를 배신하고 다른 남자들과 불륜을 저지르며 산다. 설상가상으로 고멜은 남자들에 의해 창녀 노예 시장에 팔리기까지 한다. 그때 호세아는 하나님의 명령으로 은 열다섯 세겔과 보리 한 호멜 반으로 값을 치르고 창녀 고멜을 다시 아내로 데려온다.

> 1 여호와께서 내게 이르시되 이스라엘 자손이 다른 신을 섬기고 건포도 과자를 즐길지라도 여호와가 그들을 사랑하나니 너는 또 가서 타인의 사랑을 받아 음녀가 된 그 여자를 사랑하라 하시기로 2 내가 은 열다섯 개와 보리 한 호멜 반으로 나를 위하여 그를 사고 호 3:1-2

호세아가 고멜을 다시 데려오기 위해 값으로 지불했던 은 열다섯 세겔과 보리 한 호멜 반은, 신약에서 가룟 유다가 예수님을 팔아넘길 때 받은 은 삼십과 같다. 하나님을 사랑한다고는 했지만, 여전히 세상의 것들을 사랑하며 창녀 고멜처럼 사는 우리를 다시 찾기 위해 치른 대가가 예수님의 십자가인 것이다.

불륜을 저지르고 다른 남자들을 따라갔던 아내 고멜을 되찾아오면서 호세아는 애틋하고 절절한 하나님의 심장 소리를 들었다. 그리고 거침없이 거리로 달려나가 백성들을 향해 하나님의 마음을 외친다.

1 이스라엘 자손들아 여호와의 말씀을 들으라 여호와께서 이 땅 주민과 논쟁하시나니 이 땅에는 진실도 없고 인애도 없고 하나님을 아는 지식도 없고 2 오직 저주와 속임과 살인과 도둑질과 간음뿐이요 포악하여 피가 피를 뒤이음이라 3 그러므로 이 땅이 슬퍼하며 거기 사는 자와 들짐승과 공중에 나는 새가 다 쇠잔할 것이요 바다의 고기도 없어지리라 호 4:1-3

사랑하는 자녀는 그 존재만으로도 부모에게 기쁨이다. 자녀가 이 땅에 태어나 자신에게 주어진 하늘의 도리를 깨닫고, 의인의 길을 걷기를 바라는 부모의 간절함을 세상 그 무엇에 비교할 수 있을까. 하나님의 도를 깨달은 선지자 호세아가 이처럼 호세아서를 믿음의 고백으로 훌륭하게 마무리할 수 있었던 것은 그가 하나님의 은혜와 사랑 앞에서 '도리 도리 까꿍!'을 제대로 배웠기 때문이 아닐까.

누가 지혜가 있어 이런 일을 깨달으며 누가 총명이 있어 이런 일을 알겠느냐 여호와의 도는 정직하니 의인은 그 길로 다니거니와 그러나 죄인은 그 길에 걸려 넘어지리라 호 14:9

고려의 보조국사 지눌(知訥)이 호세아를 알기라도 했을까? 호랑이의 눈빛을 간직한 채 소의 걸음을 견지했던 호세아의 인생을 말이다. 순천 송광사에 적혀 있는 '호시우행'(虎視牛行)이란 글귀를 보면 하늘을 향한 눈은 예리했지만 바보처럼 우직했던 선지자 호세아가 떠오른다.

PART

2

Part 2.

슬픔에서 기쁨으로의 반전, 찬양

아빠 하나님 앞에서 창피할 게 무엇이랴

우리말 '부끄러움'에 해당하는 한자어 '창피'는 '망신', '수모' 등과 함께 체면이 깎이는 일을 당했을 때 쓰는 말이다. 그런데 이 단어의 유래가 참 의외다. 창(猖)은 '미쳐 날뛰다'라는 뜻이고, 피(披)는 '옷 따위를 풀어헤치다'라는 뜻이다. 이 말을 최초로 사용한 사람은 중국 전국시대의 유명한 시인 '굴원'(屈原)이다.

그가 쓴 서사시 '이소경'(離騷經)을 보면 "何桀紂之猖披兮"(하걸주지창피혜)라는 구절을 만난다. 당시 무소불위의 권력을 누리던 하나라의 걸왕(桀王)과 은나라의 주왕(紂王)이 나라가 망하는 순간에 품위와 체통을 잃고 옷을 풀어헤치며 당황하는 모습을 묘사한 것이다. 그 후 창피는 일반적으로 부끄럽고 수치스러운 일이 있을 때마다 널리 쓰이게 되었다.

한 나라의 왕이 춤을 춘다. 품위와 체통은 이미 잊은 지오래다. 온힘을 다해 춤을 추는 이 왕은 이스라엘의 제2대왕 다윗이다. 그는 여호와의 궤, 법궤가 다윗 성으로 들어오자 기쁨을 이기지 못해 춤을 추었다. 겉옷은 이미 풀어헤쳤는지 속옷인 베 에봇이 훤히 드러났다.

이렇게 아이처럼 춤을 추는 다윗을 바라보는 한 사람이

있다. 창문 너머로 보이는 춤추는 남편이 탐탁지 않은지 미갈 왕비는 속으로 비웃었다. 결국 미갈은 참지 못하고 가족을 축복하려고 돌아오는 다윗을 향해 심중의 말을 쏟아냈다.

"오늘 이스라엘의 왕이 정말 볼만하시더군요. 신하와 계집종들 앞에서 어떻게 그리 몸을 드러낼 수 있나요?"

한마디로 창피하다는 것이다. 어떻게 한 나라의 왕이 그렇게 체통 없이 춤을 출 수 있느냐는 것이다.

"나는 하나님 앞에서 춤춘 것이오. 그분이 당신 아버지와 당신 집안 대신 나를 선택해 여호와의 백성 이스라엘의 통치자로 세우셨으니 나는 언제든 여호와 앞에서 기뻐 뛸 것이오. 내가 이것보다 더 체통 없이 행동해 스스로 낮아져도 당신이 말한 그 계집종들은 나를 오히려 우러러볼 것이오."

한 나라의 왕이 온누리의 왕 앞에서 춤을 추며 그를 기뻐하는 것은 결코 창피한 행동이 아니라는 다윗의 강변이었다.

다윗이라고 인생 살면서 창피하지 않은 순간이 한 번도 없었겠는가? 떠올리기조차 끔찍한 과오가 그에게 왜 없었겠는가? 자신을 책망하는 미갈 앞에서 자신 있게 강변하던 다윗은 후에 자신의 충직한 신하인 우리아의 아내 밧세바를

범하고 나단 선지자에게 책망받는 순간을 맞이한다. 손절을 각오할 정도로 작심하고 나타난 나단 선지자의 날 선 책망은 다윗을 도저히 서 있을 수 없게 만들었다. 밀려오는 수치와 수모, 극도의 창피함에 둘러싸였으리라. 그러나 다윗은 만천하에 드러난 죄의 민낯을 더 이상 숨기지 않았다. 상황을 합리화하는 자기기만도, 상황을 회피하려는 자포자기도 하지 않았다. 다윗은 더 이상 창피라는 감정 뒤에 숨지 않기로 한 것이다. 시편 51편에 소개된 다윗의 기도는 회개의 정석으로 인정받고 있다.

9 주의 얼굴을 내 죄에서 돌이키시고 내 모든 죄악을 지워 주소서 10 하나님이여 내 속에 정한 마음을 창조하시고 내 안에 정직한 영을 새롭게 하소서 11 나를 주 앞에서 쫓아내지 마시며 주의 성령을 내게서 거두지 마소서 12 주의 구원의 즐거움을 내게 회복시켜 주시고 자원하는 심령을 주사 나를 붙드소서

시 51:9-12

교만, 인색, 시기, 분노, 음욕, 탐심, 나태는 기독교 역사가 정리한 인간의 일곱 가지 죄악의 뿌리이다. 다윗이 음욕과 탐심에 붙들렸다면 사울은 시기에 사로잡혔다.

평온한 마음은 육신의 생명이나 시기는 뼈를 썩게 하느니라

잠 14:30

블레셋과의 전투에서 승리한 기쁨도 잠시, 성읍에서 춤추는 여자들이 부르는 노래에 사울은 속이 뒤집혔다.

"사울이 죽인 사람은 수천 명이요, 다윗이 죽인 사람은 수만 명이라네."

그때부터 시작된 다윗을 향한 사울의 시기와 질투는 그의 뼈를 썩게 할 정도의 괴로움이었다. 심리학에서는 '샤덴프로이데'(shadenfreude)라는 개념이 있다. 독일어로 '샤덴'은 '고통', '프로이데'는 '기쁨'이라는 뜻인데, 두 단어를 결합하면 '타자의 불행이나 고통을 좋아하는 마음'이라는 뜻이 된다. 놀랍게도 우리 뇌는 질투하던 사람에게 불행이 닥쳤을 때 기쁨을 느끼며, 많은 사람이 가식으로도 숨길 수 없는 고소함을 몰래 즐긴다는 것이다. 이러한 샤덴프로이데는 타락한 인간에게 새겨진 죄의 단면이다. 타인을 향한 자신의 감정을 표리부동(表裏不同)하게 쓸 수밖에 없는 죄성의 민낯이다.

"다윗 너를 벽에다 박아 버리겠다!"

다윗은 이 끔찍했던 날을 기억할 것이다. 시기와 질투에 눈이 먼 사울이 다윗을 향해 내뱉었던 독설과 만행을 말이

다. 악한 영에게 사로잡힌 사울은 발작이 도진 날이면 소리를 지르며 온 집안을 돌아다녔고, 그때마다 다윗은 그를 위해 하프를 연주했다. 그러나 그런 다윗에게 돌아온 것은 사울의 날카로운 창이었다. 재빨리 몸을 피했으니 망정이지 그렇지 않았다면 목숨을 부지하기 힘들었을 것이다. 그날 밤 사울의 궁을 빠져나온 다윗은 도망자의 삶을 살기 시작했다. 그때 다윗은 정처 없는 길을 떠나며 어떤 생각을 했을까?

'일개 양치기 소년을 택하셔서 기름 부으셨던 하나님, 위기의 순간 때마다 개입하셔서 말도 안 되는 결과를 얻게 하신 하나님, 사자와 곰을 때려잡을 힘을 주신 하나님이 물맷돌로도 골리앗을 쓰러뜨리게 하셨지. 내 하나님은 언제나

함께하시는 승리의 하나님이지. 비록 지금은 사울 왕에게 쫓기는 신세지만 앞으로 그 어떤 위험이 있어도 나와 함께해 주시는 하나님은 분명 에벤에셀의 하나님이야.'

세월이 지나 여호와의 법궤가 들어오는 그날, 숨막히는 고비와 숱한 역경의 세월들은 다윗이 힘껏 춤추어야 할 이유가 되었다. 아빠 앞에서 춤추는 아이에게 무슨 체통과 품위가 필요하랴.

다윗처럼 춤을 추면서
전심으로 주를 즐거워하라
- '주님의 임재 앞에서' 중

나는야 다윗처럼 춤을 출 거야
사람들이 비웃어도
- '나의 왕 앞에서' 중

수많은 찬양 집회에서 믿음의 세대들이 다윗의 춤을 춘다. 벗겨진 베 에봇의 '창피'를 '은혜'로 덮어 주신 하나님을 향해 다윗이 할 수 있는 것은 열정의 춤밖에 없었을 것이다.

교회와 하나님을 비웃는 이 세상 앞에 기죽지 말자. 두려

워하지 말자. 하나님은 당신의 자녀가 창피를 당하도록 가만있지 않으신다.

두려워하지 말라 네가 수치를 당하지 아니하리라 놀라지 말라 네가 부끄러움을 보지 아니하리라 네가 네 젊었을 때의 수치를 잊겠고 과부 때의 치욕을 다시 기억함이 없으리니 사 54:4

내 손을 쳐 들어 봐야 하나님이 치실 뿐

처음엔 대학가에서 회자되다가 지금은 청소년들이 주로 쓰게 된 유행어가 있다. '인싸'와 '아싸'라는 신조어다. 사람들과 잘 어울리고 친화력이 좋아 모임 안에 잘 흡수되는 사람을 인싸(insider)라고 하고, 사람들과 잘 어울리지 못하고 밖으로 맴도는 사람을 아싸(outsider)라고 한다.

왕따와 그 양상과 동기가 다른 아싸는 동료에게 배척을 당하는 은둔형 외톨이가 아니라 자발적 단독형 인간이다. 불투명한 미래와 팍팍한 현실 속에서 가성비를 최우선시한 시대의 총아(寵兒)랄까? 아무튼 이들은 동아리나 과 모임 같은 곳에 엮이기보다는 산뜻한 개인주의를 선호하는 합리적인 겉돌이라고 할 수 있다.

그렇다면 세상과 공존하고 있는 교회는 인싸인가, 아싸인가? 세상 안에서 긴밀한 관계 맺음을 시도하는 적극적인 오지라퍼인가? 아니면 세상과는 구별된 거룩한 전사인가? 거룩한 예배 공동체를 유지해야 하는 아싸의 고민과 역동적인 선교 공동체를 구축해야 하는 인싸의 사명이 교차하는 이 시점에서 교회가 잡아야 할 최선의 캐릭터는 무엇일까?

지금은 예배도 영상으로 대체된 '온라인 시대'이자, 헌금

하기를 꺼려하는 '불신의 시대'이다. 또한 헌신하지 않는 '워라밸 시대'이며, 자신의 가치가 중요한 '업글인간 시대'이다. 이처럼 급변하는 시대 변화에 따라 살지만 교회가 꿈꿔야 할 궁극적인 비전은 복음으로 살아 내고 복음을 전하는 선교적 교회(missional church)임이 분명하다.

전통적으로 선교는 타 문화권에서 복음을 전파하는 것이고 전도는 국내에서 복음을 전하는 것이라 여겨 왔다. 그러나 지리적 경계로 선교와 전도를 구분 짓기에는 무리가 있다. 바야흐로 세계(global)와 지역(local)이 유기적으로 얽혀 있는 글로컬(glocal) 시대가 도래한 것이다. 콘텐츠(contents)는 클라우드(cloud)에서 공유하고, 케어(care)는 커뮤니티(community)에서 받는 'C-시대'(C-period)로의 전환이 요구되고 있다. 전격적으로 교회의 패러다임을 바꿔야 하는 시대적 요청 앞에 선 것이다.

이제 선교에는 지리적 경계는 물론 세대적 경계까지 뛰어넘어야 하는 전방위적 복음 구축함이 필요하다. 구축함은 대형 전투함이 아니라 적의 주력함이나 잠수함을 공격하는 작고 날쌘 군함이다. 이 군함은 작지만 강력한 화력을 뿜낸다. 그런 의미에서 복음 구축함은 복음을 제대로 사는 성도의 삶, 예수 그리스도 안에서 하나님 나라의 도래와 통치를 증거하는 모든 삶을 가리킨다.

또한 복음 구축함은 교육 혜택이 필요한 곳에 따뜻한 배움터를 세우고, 의료 혜택이 필요한 곳에는 양질의 병원을 세우며, 부당하고 불의한 세상에서는 약자의 편에서 공의를 선택하고, 공해와 오염에 신음하는 피조 세계 속에서 생태적 삶을 실천하는 것을 포함한다. 이와 같은 선교적 삶은 하나님의 통치에 따른 성도의 삶이자, 천국의 완전함을 미리 맛보는 성도의 위대한 여정이다. 그 위대한 여정은 교회 울타리를 넘어 지역 사회로 들어가는 '아웃리치'(out reach)로 이어져야 한다. 밖으로 나가 그들과 닿아야 한다는 말이다. 그런데 진정한 아웃리치는 '리치아웃'(reach out)을 제대로 이해할 때라야 가능하다.

이스라엘의 40년 광야 생활에는 가는 곳마다 메고 다녔던 법궤가 있었다. 시내 산에서 하나님으로부터 받은 계명이 들어 있는 법궤는 그 자체가 하나님 말씀의 상징이었다. 이 법궤는 한때 블레셋에게 빼앗기기도 하는 등 숱한 사연을 안고 여기저기로 옮겨졌다. 그러다 70년 동안 아비나답이란 사람의 집안이 법궤를 맡아 관리하게 되었다.

왕위에 오른 다윗은 자신의 왕권이 안정되자 제일 먼저 하나님의 법궤를 예루살렘으로 모셔 오기로 했다. 다윗은

법궤를 모시기 위해 최정예 군사 3만 명을 이끌고 아비나답의 집으로 갔다. 산 위의 그 집에서 아비나답의 아들인 웃사와 아효가 법궤를 새 수레에 싣고 나왔다. 백성들은 온갖 악기를 연주하며 뛸듯이 기뻐했다. 그야말로 거대한 축제의 행렬이었다.

그 행렬이 나곤이란 사람의 타작마당 앞에 이르렀을 때, 수레를 끌던 소들이 갑자기 날뛰기 시작했다. 이때 수레를 뒤따르던 웃사가 손을 뻗어(reach out) 법궤를 붙들었다. 그러자 믿기 힘든 일이 벌어졌다. 웃사가 그 자리에서 즉사한 것이다. 도대체 웃사가 무슨 잘못을 했기에 그렇게 비참하게 죽은 것인가? 법궤가 수레에서 떨어지지 않게 붙든 그 행동이 뭐가 그리 큰 잘못인가? 그러나 성경은 웃사의 죄를 정확하게 지적하고 있다.

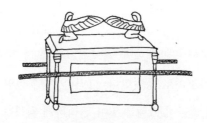

첫째, 소가 끄는 수레가 문제였다. 법궤를 이동할 때는 반드시 레위인인 고핫 자손의 어깨에 메야 한다는 하나님의

규례를 어긴 것이다(민 4:15). 하나님의 말씀을 무시하고 자신이 만든 새 수레에 법궤를 실은 웃사와 아효의 행동은 분명히 죄였다.

둘째, 웃사의 손이 문제였다. 예루살렘을 향한 법궤 행렬에서 아효와 웃사의 위치는 법궤 앞과 뒤였다. 대규모 인파가 몰린 그 열광의 축제에서 아효와 웃사는 법궤에 쏟아진 스포트라이트를 함께 즐겼다. 무려 70년 동안 법궤를 맡았다고 하는 오만함이 최고조에 오른 그 순간, 갑자기 소가 날뛰기 시작했다. 그것은 동물을 통해 주신 하나님의 경고였다. 그때, 웃사가 손을 뻗어 법궤를 붙들었다. '붙들다'로 해석된 히브리어 '아하즈'는 강력한 소유권을 의미한다. 웃사는 법궤를 그냥 붙든 것이 아니었다. 모두가 보란 듯이 손을 높이 들어 법궤를 붙잡은 것이다. '누가 뭐래도 이 법궤는 내 것이라고!'

그 순간 웃사에게 법궤는 만인 앞에서 자신을 드러내는 물건에 지나지 않았다. 웃사가 뻗은 손은 만인 앞에서 자신이 법궤의 주인이라고 과시한 교만의 손이었다. 다윗은 웃사가 죽은 그 현장을 '베레스 웃사'라 명명하였다. '치다'라는 뜻의 '베레스'와 '힘'이라는 뜻의 '웃사'가 결합된 말로, '하나님이 웃사를 치셨다' 더 나아가 '하나님이 인간의 힘과

오만함을 치셨다'라는 뜻이다.

웃사의 손을 떠올려 본다. 박수와 함성에 익숙했던 손, 긍지와 평판이 높았던 손이었다. 또 한 손이 떠오른다. 바로 내 손이다. 아등바등 내 힘으로 뭔가 해 보고 싶었던 손, 사역의 이름으로 인정받고 싶었던 손, 섬김이란 이름으로 칭찬받고 싶었던 손, 헌신이란 이름으로 존경받고 싶었던 손, 그렇게 내 손을 사람들에게 보이고 싶었다. 길거리에서 높이 쳐든 바리새인의 그 손처럼.

다윗은 깊이 묵상했다. 하늘과 달과 별을 만드신 주의 손을 말이다(시 8:3). 다윗의 후손으로 오신 그분은 세리와 창녀에게도, 사마리아의 여인에게도, 나병 걸린 환자에게도 거침없이 손을 내미셨다. 손을 들어 제자를 부르시고, 손을 뻗어 천국을 가리키셨다. 손 내밀어 아이를 안으시고 손을 들어 축복하셨다. 손 내밀어 귀신을 쫓으시고, 손 내밀어 발을 닦아 주셨다. 그리고 손 내밀어 그 못을 받으셨다. 그렇게 당신의 자녀를 향해 손을 길게 뻗어(reach out)주셨다. 사랑의 손으로 말이다.

진정한 아웃리치는 사랑이신 주님의 '리치아웃'을 바로 이해할 때라야 가능하다. 인싸로서 아웃리치를 가고 싶다면 아싸로서 리치아웃을 경험해야 한다.

선교는 무턱대고 들고 뛰는 것이 아니다. 삶의 자리에서 작은 예수로 부름받아 사는 것이 선교다. 그렇게 사는 것이 제자의 삶이다. 제자란 '제대로 예수를 아는 자'다. 제자야말로 '핵인싸'이다.

문득 찬양 한 곡이 떠오른다.

"손 내밀어 주를 만져라, 주 지나신다."

(Reach out and touch the Lord, As He goes by.)

부부란 비파와 수금으로 찬양하는 영원한 짝꿍

사랑을 했다 우리가 만나
지우지 못할 추억이 됐다
볼 만한 멜로드라마 괜찮은 결말
그거면 됐다 널 사랑했다
– 아이콘, '사랑을 했다' 중

두둠칫 박자를 타며 온종일 흥얼거리는 아들내미의 입술이 앙증맞다. 어느새 나도 모르게 함께 흥얼거리게 된 이 노래는 사랑으로 시작해서 사랑으로 끝난다. 고무 딱지가 최고의 자산인 아홉 살 철부지가 사랑의 의미를 알 리 만무할 터, 꽤나 중독성 있는 이 멜로디에 덩달아 합세하다가 문득 궁금해졌다. 사랑 예찬으로 가득한 대중 예술의 사랑은 어떤 것일까? "혼자 있어서 외로운 것이 아니라 혼자 있지 못해서 외로운 것이다"라고 말한 누군가의 말처럼 사람은 늘 누군가를 갈망한다.

인류 역사상 가장 숭고한 가치가 있다면 두말할 나위 없이 사랑일 것이다. 한 남자와 한 여자가 사랑을 한다. 그렇게 둘은 서로에게 연인이 된다. 그 연인에게 모든 인생을 다 바쳐 부부가 되기로 결정한다. 그렇게 한 가정이 시작되고 자녀를 낳고 가족으로 묶인다. 이 땅에서 맛볼 수 있는 궁극의 사랑, 삶의 원천이 그렇게 탄생한다. 지울 수 없는 추억보다 더 큰 기억이 사랑이다. 볼 만한 멜로드라마가 아니라 뼈가 녹아내리는 대하드라마가 사랑이다.

우리 조상들은 다정한 부부를 말할 때 '금슬이 좋다'고 했다. 금(琴)은 거문고, 슬(瑟)은 비파를 뜻한다. 이 둘은 같은 현악기지만 서로 다른 악기다. 고대에 음악을 연주하는 자리에 이 둘은 꼭 붙어 다녔다고 한다. 이 둘이 조화를 잘 이루면 천상의 하모니가 가능하지만, 조화가 깨지면 불협화음의 소음만이 가득하다. 그래서 금과 슬이 서로 화답한다는 뜻의 '금슬상화'(琴瑟相和)나 '금슬지락'(琴瑟之樂)과 같은 말이 생겨났다. 금과 슬의 사이처럼 부부 사이도 서로 화답해야

한다. 시와 찬미와 신령한 노래들로 서로 화답하며 부부의 자리를 지켜야 한다.

A.D. 41~54년, 로마 황제 글라우디오 통치하에 로마로부터 추방되어 고린도로 이주한 한 부부가 있었다. 이들은 로마 귀족의 신분을 미련 없이 벗어던지고 천막 만드는 일을 업으로 삼아 살고 있었다. 바울의 2차 선교 사역을 안팎으로 조력했던 부부, '브리스길라와 아굴라'가 그 주인공이다. 이 둘은 보금자리이자 노후 대책인 집을 과감히 예배 처소로 제공하기도 하고, 로마로 건너가 교회를 섬기기도 했다. 주를 향한 마음이 특심한 부부였다.

평생 주 안에서 아름다운 하모니를 보여 준 이 부부의 모습은 그야말로 금슬상화다. 아내가 남편으로부터 존중받기 쉽지 않았던 그 시대에 이 부부는 동등한 위치에서 함께 사역하는 파트너였다. 더 나아가 남편 아굴라는 아내 브리스길라를 존중하고 세우는 애처가였다. 브리스길라와 아굴라라는 이름의 순서만 보더라도 알 수 있는 금슬지락이었다.

이들과 동시대를 살았던 또 한 쌍의 부부가 있다. '아나니아와 삽비라'다. 초대교회 교인들은 자신들의 소유를 팔아 필요한 이웃에게 아낌없이 나눠주었는데, 이 부부도 자신들의 땅을 팔아 사도들에게 바쳤다. 그런데 그 대금의 일부를 감추고 마치 전부를 바친 것처럼 가장했다. 결국 이 부부는 하나님을 속인 죄로 비참한 죽음을 맞았다. 그런데 이 부부의 이름이 뜻하는 것이 의외다. 아나니아는 '하나님의 은혜'란 뜻이고, 삽비라는 '아름답다'라는 뜻이다. 이 둘은 자신들이 가진 이름의 좋은 의미를 인생 속에서 구현해 내지 못하고 말았다.

'아니, 헌금 액수 좀 누락시켰다고 그런 천벌을 받아야 하나?'라고 생각하는 사람이 있을 것이다. 아나니아와 삽비라 사건은 '주의 종을 속이는 죄는 무섭다'거나 '약정한 헌금을 지키지 않으면 큰 재앙이 임한다'는 사실을 말하려는 것이 아니다. 이 사건은 출애굽기와 연결해서 봐야 한다. 이스라엘 백성은 하나님이 애굽에 내리신 열 가지 재앙을 목도하고 갈라진 홍해 바다를 건넜다. 그들은 반석에서 터진 물을 마시고 하늘에서 내린 만나와 메추라기를 먹으며 시내 산에서 주의 계명을 기다렸다. 빽빽한 구름 속에 임하신 하나님, 그의 우레 같은 음성과 위엄에 압도된 이스라엘 백성들은 두려움에 떨었다. 그들은 모세에게 하나님의 말씀을 받아 와서 우리에게 전해 달라고 말했다. 그 말을 다 지키겠다고 열두 지파를 따라 열두 기둥을 세웠다. 단을 쌓고 제사를 지내고 언약의 피를 뿌렸다. 우리는 하나님의 거룩한 백성

이요 택하신 제사장이요 그의 소유요 그의 나라가 되었으니 거룩하게 살겠노라 약속했다. 그런데 그들이 어떻게 했나?

산에 올라간 모세가 한참이 지나도 내려오지 않자 그들은 점점 초조해지기 시작했다. 초조함은 갈수록 원망으로 바뀌어 갔다. 급기야는 모세의 형 아론에게 "자, 일어나서 우리를 앞서서 갈 신을 만들어 달라. 우리를 이집트에서 이끌어 낸 그 사람 모세가 어떻게 됐는지 알 게 뭐냐?"하며 더 이상 보이지 않는 하나님을 의식하지 않았다. 갈수록 욕심으로 가득차서 자기 계획과 자기 뜻을 드러냈다. 이것이 죄다.

죄의 원리는 이미 에덴동산에서 사탄이 아담과 하와에게 보여 주었다. 뱀이 유혹할 때 했던 말을 기억해 보자.

"에이, 바보야! 동산 한 가운데 있는 나무 열매를 먹어도 너희는 절대로 죽지 않아. 그걸 못 먹게 하는 이유가 있어. 너희가 그걸 따 먹으면 눈이 열려서 하나님처럼 될까 봐 그런 거라고."

하나님과 맞먹으려고 하는 것, 하나님처럼 되려고 하는 것이 죄의 원리다. 불신자들이 하나님을 믿지 않는 가장 큰 이유가 무엇인가? '나는 누구의 도움을 받고 싶지 않다'는 것이다. '내가 왜 어떤 존재의 힘과 은혜를 받아야 하냐'는 것이다. '비록 빌빌거리며 살더라도 당당하게 내 주먹을 믿고 살다가 죽고, 만약에 지옥이 있다면 떳떳이 가겠다'는 것이다. 이것이 바로 죄가 갖는 가장 큰 방자함이다.

유대인들의 전승에 의하면 이스라엘 백성이 이집트를 탈출한 유월절로부터 50일 후에 모세가 십계명을 받았다고 한다. 유월절 이후 50일이면 무슨 날인가? 오순절이다. 오순절에 그 율법이 산 아래의 죄에 닿으니까 어떤 일이 일어났는가? 금송아지로 대표되는 그 방자함 때문에 그들은 비참한 최후를 맞게 되었다. 세상의 힘을 의존한 3천 명이 모세의 명을 따른 레위 자손들에 의해 도륙당한 것이다.

그러나 신약의 오순절은 다르다. 새 언약의 성취로 오신 성령님이 여전히 똑같은 죄인들에게 부어졌다. 그런데 어떤 일이 일어났는가? 베드로가 "이 사악한 세대로부터 구원을 받으시오"라고 말하자 사람들이 세례를 받고 3천 명이 돌아왔다. 성경은 정확하게 옛 언약과 새 언약을 대조하고 있다. 예수 그리스도의 십자가, 하나님의 은혜에 가입되자 죽음이 삶으로 바뀌게 된 것이다. 그것이 바로 복음이다.

율법으로 심판하면 죽어야 할 죄인들은 그동안 달라진 것이 전혀 없었지만, 그럼에도 불구하고 하나님이 그들을 바꾸셨다. 돌같이 굳은 마음을 제거하고 살같이 부드러운 마음을 이식하셨다. 그렇게 하나님은 우리를 영원한 하늘나

라에서 살 수 있는 존재로 만들어 은혜의 새 언약을 성취하셨다.

사도행전에서 베드로는 죄를 짓고 엎드린 아나니아와 삽비라에게 "어찌하여 사탄이 네 마음에 가득하여 네가 성령을 속이고 땅 값 얼마를 감추었느냐"(행 5:3) 하고 꾸짖는다. 엄중하고도 대표적인 죄의 원리를 지적한 것이다. 아나니아와 삽비라 부부는 기억했어야 했다. 그 옛날 다윗이 사울을 피해 캄캄한 굴에 숨어 지내며 새벽에 절절히 외쳤던 그 노래를 말이다.

7 하나님이여 내 마음이 확정되었고 내 마음이 확정되었사오니 내가 노래하고 내가 찬송하리이다 8 내 영광아 깰지어다 비파야, 수금아, 깰지어다 내가 새벽을 깨우리로다 시 57:7-8

다윗처럼 하나님께 마음을 확정했더라면 아나니아와 삽비라는 자신들의 이름처럼 하나님의 은혜를 노래하는 아름다운 인생이 되었을 것이다. 그 누구보다도 금슬 좋은 부부로 회자되었을 것이다.

사랑이라는 열정의 시선이 마지막까지 머무르는 곳은 어디일까? 거문고와 비파의 어울림이 하모니가 되듯이, 비파와 수금 또한 찬양의 짝꿍이다. 비파와 수금으로 찬양하는 영원한 짝꿍은 사랑의 종착역에서 금슬 좋은 부부로 거듭난다.

반면교사 삼은 '아·삽 커플'을 통해 정면교사 삼은 '브·아 커플'을 가슴에 품는다. 오전 내내 들었던 아들내미의 사랑 노래가 아직도 입에서 맴돈다.

사랑을 했다 우리가 만나

지우지 못할 추억이 됐다

인생의 짐을 내려놓을 때 강력한 힘을 주신다

국내를 넘어서 해외까지 배구 열풍을 견인하고 있는 김연경 선수는 자타공인 '월클'(World Class) 프로 선수이다. 걸 크러쉬 이미지와 함께 털털한 성격, 무엇보다도 세계 배구선구 연봉 랭킹 1위에 빛나는 최고의 기량은 대중의 사랑을 한 몸에 받기에 충분하다. 운동뿐 아니라 구독자 수 60만 명을 보유한 인기 유튜브 크리에이터로도 맹활약 중인 그녀는 '식빵언니'라는 캐릭터로 채널을 운영 중이다. 경기 중에 했던 욕설을 배구하는 언니와 결합하여 만든 채널명인데, 대중의 사랑을 넘어 국가의 자랑이 된 그녀의 인기를 실감케 하는 대목이다.

식빵으로 순화할 만큼 '18'은 그 누구라도 맘 편히 발음하기에 머뭇거려지는 수이기도 하고, 그 단어가 품고 있는 폭력성과 분노 지수가 있기에 함부로 입에 올리기가 어려운 것이 사실이다. 많은 이들에게 큰 울림을 주었던 연극이 있다. '열여덟 어른'이다. 만 18세가 되면 보육원을 나와 누구보다 일찍 어른이 되어 살아갈 수밖에 없는 열여덟 살 청소년들의 이야기를 담은 이야기다. 나이를 의미함과 동시에 어쩌다 어른으로 살아야 하는 한 소년의 분노가 서려 있는

18이란 숫자는 퍽퍽한 사회에 내던져진 한 영혼의 울부짖음이었다.

"넌 18번이 뭐니?"

애창곡이나 개인기를 지칭하는 말로 자주 쓰이는 '십팔번'(十八番)이란 단어는 사실 일본에서 건너온 말이다. 17세기 무렵, 일본 가부키 배우 중에 이치가와 단주로라는 사람이 있었는데, 자신의 가문에서 내려온 훌륭한 희곡 기예를 열여덟 가지로 간추리고 정리해 '가부키 주하치방'(歌舞技十八番)이라고 부른 데서 유래한 것이다.

단주로 가문만큼이나 자기 자신을 너무도 자랑스러워하는 동물이 있다. 야생 조류이면서 우리나라 토종 텃새인 꿩이 그 주인공이다. 꿩은 수컷을 장끼, 암컷을 까투리, 새끼를 꺼병이라고 부른다. 예로부터 사람과 친근한 새라 그런지 우리나라에는 꿩에 관련된 이야기가 유난히 많다. 전래 동화는 물론이고 "꿩 대신 닭", "꿩 구워 먹은 소식", "꿩 먹고 알 먹는다"라는 속담도 있고, 사교적이고 세련된 여자를 '서울 까투리'라고 하는 비유적인 표현도 있다. 그중 지금도 많이 쓰이고 있는 '장기자랑'이라는 말은 아름다운 열여덟 개 깃으로 이루어진 장끼의 꽁지 깃털에서 유래했다. 암컷을 향한 본능적인 구애의 몸부림이 인간의 눈에는 그저 자신의 꽁지 깃털을 뽐내는 자랑에 지나지 않았나 보다.

공교롭게도 누가복음 13장에는 18이라는 숫자가 두 번이나 등장한다. 실로암에서 망대가 무너져 죽은 열여덟 명의 사망 사고(눅 13:4)와 18년 동안이나 사탄에게 매여 똑바로 설 수조차 없던 한 여인의 치유 사건(눅 13:11)이다. 옛날에 히스기야가 전쟁을 하기 위해 기혼 샘에서 끌어다가 만들어 놓았던 실로암 못 가에서 수로 공사를 하다가 망대에 깔려 죽은 열여덟 명의 사망 사고와 예수님이 굳이 안식일을 골라 열여덟 해 동안 허리 한번 펴보지 못한 여인을 고치신 사건 말이다.

주님은 그들의 죽음의 본질이 죄의 많고 적음이나 크고 작음에 있지 않다고 힘주어 강조하신다. 그런 것에 따라 받아야 할 벌이 달라지지 않기 때문이다. 모든 죄는 하나님 앞에서의 죄이고 다소와 경중의 구분을 막론하고 모두 사형에 처해지는 것이다. 따라서 살면서 호리의 죄라도 지은 사람은 예외 없이 사형에 처해진다. 그게 하나님의 은혜가 개입되지 않는 티끌들의 운명이다. 그럼에도 자기는 마치 그 지옥의 형벌과는 전혀 무관한 사람인 것처럼 다른 사람들에게 닥친 불행이나 비극을 죄와 결부시켜 함부로 평가한다. 주님은 그러한 자들에게 크게 노하시며 이렇게 말씀하셨다.

너희에게 이르노니 아니라 너희도 만일 회개하지 아니하면 다 이와 같이 망하리라 눅 13:5

우리가 해야 할 것은 선하게 살고 착한 일을 많이 쌓아서 하나님 앞에 내놓는 것이 아니다. 오직 주님의 십자가 공로만을 의지하는 자, 즉 회개하는 자로 주님 앞에 서야 한다. 그 길만이 주님과 화목한 자가 되는 유일한 길이다. 안식일에 병든 여인을 고치심으로 자신을 죽음으로 몰고 가신 것도 비슷한 맥락이다. 이 사건 역시 '안식일을 철저하게 지키는 율법 행위가 오히려 은혜의 주님을 죽이는 결과를 낳는다'라고 하는, 행위와 은혜를 극명하게 대조시키는 사건이다.

유대인들은 안식일을 지키라는 하나님의 명령 속에 들어 있는 하나님의 진짜 마음을 알지 못했다. 그래서 613가지의 미쉬나의 규례와 전승 속에 무려 39가지의 안식일 규례를 만들어 놓았다. 그것만 잘 지키면 안식일을 지키는 것이라고 오해하고 있었던 것이다. 은혜의 주님 앞에서도 율법에 의지하여 행위를 자랑하는, 빈약한 우리의 민낯이 드러난 것이다. 또한 성전을 지어 놓고 하나님을 그 안에 가두었다 성전으로 하나님을 대신하기 시작했다. 시공을 초월하시

는, 영이신 하나님을 건물에 가둔 것이다. 그러나 하나님은 성전이나 율법에 갇혀 계신 분이 아니다. 영이신 하나님은 당신의 이름과 눈과 마음을 늘 우리에게 내어 주시는 분이다(왕상 9:3).

일본의 에도 시대를 연 도쿠가와 이에야스(德川 家康)는 "인생은 무거운 짐을 지고 먼 길을 가는 것"이라고 했다. 과연 그럴까? 먼 길을 가기 위해서는 험한 산도 넘고 깊은 물도 여러 번 건너야 한다. 때론 진흙탕에 엎어지기도 하고 가시밭길에서 상처를 입기도 한다. 그래서 우리에겐 무거운 짐 대신 '강력한 힘'이 필요하다. 수고하고 무거운 짐은 주님께 가져가 내려놓아야 할 것들이다. 그러면 그분은 쉼과 힘을 주신다. 그래서 우리는 이렇게 고백할 수 있다.

"오직 나의 힘은 그분을(him) 찬송(hymn)하는 것이다."

나는 오늘 무엇을 사랑하고 무엇을 자랑하고 있는가? 무엇을 힘 삼아 오늘을 살아가고 있는가? 그를 사랑하는 자, 그를 자랑하게 될 것이다.

여호와는 나의 힘이요 노래시며 나의 구원이시로다 그는 나의 하나님이시니 내가 그를 찬송할 것이요 내 아버지의 하나님이시니 내가 그를 높이리로다 출 15:2

하나님 나라 시그널에 내 주파수를 맞추는 것

길거리를 지나가다가 주둥이가 유난히 긴 주전자를 발견한 한 소년. 동화책에서 본 요술램프 같기도 하고, 신기한 모양에 호기심이 차올라 주머니에 있던 휴지로 쓱싹쓱싹 닦는다. '펑!'하고 연기가 피어오르고, 그 사이에 램프의 요정이 서 있다. 그리고 소원을 하나 말하라고 한다. 그것도 3분 안에. 어리둥절한 소년은 다급해지기 시작한다. 그때 램프의 요정이 자비를 베푼다.

"주인님께선 주관식 서술형에 약한 것으로 압니다. 그래서 오늘만큼은 특별히 객관식 오지선다형으로 준비했습니다. 하나만 고르시지요. 자, 1번 소원입니다. 학교에서 점심시간에 친구들이 우르르 정신없이 식당으로 뛰어가나요? 주인님이 1번 소원을 고르신다면 그럴 필요가 없습니다. 교실에 혼자 남아 창문을 열고 엉덩이에 힘을 주세요. 곧 하늘을 유유히 날아갈 것입니다. 진정한 비행(飛行) 청소년이 되는 것이지요. 2번 소원입니다. 혹시 어디론가 훌쩍 떠나고 싶을 때가 있지 않았나요? 그렇다면 눈을 감고 그 장소를 상상하세요. 그리고 눈을 뜨세요. 바로 그곳입니다. 순간 이동! 그다음 3번 소원입니다. 평소에 주인님을 괴롭힌 친구

가 있었습니까? 이제 복수할 시간입니다. 엄청난 힘을 드리죠. 단순히 악수만 해도 상대의 손목이 으스러질 정도로 말입니다. 슈퍼 스트롱 핵파워! 4번 소원입니다. 혹시 좋아하는 이성 친구가 있나요? 그렇다면 그 친구를 찾아가 눈동자를 깊이 들여다보세요. 곧 마음이 훤히 다 보일 겁니다. 독심술! 마지막 5번 소원입니다. 그동안 공부가 힘드셨죠? 이 지구상에 존재하는 모든 책들을 가져다가 첫 페이지부터 마지막 페이지까지 휘리릭 넘기기만 하세요. 대충 슬쩍 훑어만 보아도 주인님의 두뇌에 완벽히 다 저장됩니다. 한국의 고전 홍길동전에도 나왔던 신비한 능력, 일람첩기(一覽輒記)!"

상상만 해도 기분 좋은 소원 이야기는 동서고금을 막론하고 어느 나라든 다 있다. 위의 소원 이야기를 들은 대한민국의 청소년이라면 몇 번에 손을 가장 많이 들 것 같은가. 그렇다. 단연 5번이다. 승자독식(winner takes all)의 현 입시체제 속에서 성적은 늘 아이들을 옥죄는 괴물 같은 존재이기 때문이다. 시대를 반영한 이 웃픈 이야기가 수천 년 전, 어떤 소원을 말한 한 남자와 무슨 연관이 있을까.

다윗의 왕위를 이어받은 이스라엘의 제3대 왕 솔로몬은 왕위에 오르자마자 기브온이라는 곳에 가서 일천번제를 드린다. 일천번제는 '천일'(千日)을 의미하는 것이 아니라 '일천'(一千)마리의 제물을 드렸다는 의미다. 오늘날 일천번제라는 명목으로 천 일 동안 연속 예배를 드리는 교회가 있다면 적어도 성경적이 아님은 알아야 한다. 여하튼 경외심과 정성으로 천 마리의 제물을 번제로 드린 솔로몬을 기뻐하신 하나님은 밤중에 솔로몬의 꿈에 나타나셔서 "내가 네게 무엇을 줄꼬 너는 구하라"(왕상 3:5)며 소원을 말하라고 하신다.

많은 성도들이 주일학교 때 배운 지식으로 솔로몬은 지혜, 곧 좋은 머리를 구했다고 생각한다. 그런데 솔로몬이 말한 지혜는 단순히 이해력, 암기력, 응용력과 같은 지적 능력이 아니었다. 그렇다면 정확하게 솔로몬이 구한 것이 무엇이었는가? 당시에 솔로몬이 말한 소원을 다시 한번 들어 보자.

> 누가 주의 이 많은 백성을 재판할 수 있사오리이까 듣는 마음을 종에게 주사 주의 백성을 재판하여 선악을 분별하게 하옵소서
> **왕상 3:9**

찾았는가? 솔로몬이 하나님께 구한 것은 머리가 아닌 마음이었다. 당시 왕의 업무 중에서 가장 중요했던 재판은 여간 어려운 일이 아니었다. 인맥, 청탁, 편견, 정보 부족, 아집 등으로 공평무사(公平無私)하고도 정의로운 재판과 다스림이

어렵다는 것을 솔로몬은 절감했다.

이런 복잡한 상황에서 자신의 한계를 느꼈던 솔로몬이 꿈에서 만난 하나님께 다른 소원을 말할 여유가 있었을까? '옳고 그름을 가려내는 마음', 즉 '지혜로운 마음'을 소원으로 구한 솔로몬은 그 누구보다도 자신의 마음을 '정의에 붙들어 매겠다는 결단'으로 가득 찬 왕이었다. 한마디로 그는 자신을 위해서가 아닌, 하나님의 나라와 그분의 정의를 위해 구했다. 이러한 솔로몬의 소원은 하나님을 감동시키기에 충분했고 미처 구하지 않은 다른 것들도 덤으로 받는 축복을 누리게 되었다.

알라딘의 요술램프의 요정 정도가 아니라 창조주 하나님이 지금 내게 소원을 하나 말해 보라고 한다면 당장 대답할 준비가 되어 있는가? 대부분 행복한 삶을 구가하기 위한 그 무엇을 구할 것이다. 누군가가 행복한 삶을 추구하기 위해 꼭 갖추어야 할 요소를 조사했더니 '넉넉한 재산', '무병장수', '자녀의 형통'으로 나왔다고 한다. 그 누구도 선뜻 부인하기 힘든 결과다. 소원은 어쩌면 그 사람의 세계관이자 더 나아가 비전일 것이다.

"건물주가 되어 월세 받아 가며 여행 다니고 싶어요."

진로희망 란에 쓴 한 중학생의 진로 의식이 더 이상 놀랍지 않은 세상이다. 불로초를 찾았던 진시황의 욕망이 현대인의 '무병장수 예찬론'으로 끊임없이 재생산되고 있다. 좋은 대학, 좋은 직장, 내가 못 이룬 한을 내 자식 대에 반드시 풀겠다는 부모의 마음은 어떤가? 친구를 내 인생의 잠재적 경쟁자로 규정하고 밟고 일어서라고 가르치는 우리 교육은 또 어떠한가?

솔로몬을 통해 만점짜리 소원 말하기 비법을 배웠다면, 꿈에서만 하나님을 만나기를 기다릴 필요가 없다. 평소에 하는 우리의 기도 속에 이 비법을 녹여 내면 된다. 그 비법은 의외로 간단하다. 무엇을 먼저 구할지를 정하는 것이다. '나를 위한 것'을 먼저 구하지 말고 '하나님의 마음'을 먼저 구하는 것이다. 순서가 중요하다.

그런즉 너희는 먼저 그의 나라와 그의 의를 구하라(seek first his kingdom) 그리하면 이 모든 것을 너희에게 더하시리라 마 6:33

기도는 소원자판기 앞에서 내게 필요한 것을 달라고 작정하고 떼쓰는 것이 아니다. 기도는 '하나님의 마음'을 구하고 '하나님 나라의 시그널에 나의 주파수를 맞춰 가는 것'이다.

그렇다면 하나님의 마음은 무엇일까? 우리의 정신 세계

를 지(知), 정(情), 의(意)의 세 가지로 나누어 주신 하나님은 말씀과 기도와 찬양 이 세 가지를 통해 우리와 당신이 연결되기를 바라신다. 말씀을 읽고 깨달아 가는 '지'의 영역, 하나님의 마음을 함께 품는 '정'의 영역, 그리고 어떤 상황 속에서도 감사와 찬양을 드리기로 결정한 '의'의 영역을 통해서 말이다. 다시 말해서 진리의 말씀으로 기뻐하고 쉬지 말고 기도하며 모든 일에 감사할 수 있는 성도의 특권을 갖게 된 것이다. 이것이 그리스도 예수 안에서 우리를 향하신 하나님의 소원이다.

그런 하나님의 소원을 알았던 바울은 그 컴컴한 감옥에서도 그렇게 힘주어 말할 수 있었던 것이 아닐까.

우리가 다 하나님의 아들을 믿는 것과 아는 일에 하나가 되어 온전한 사람을 이루어 그리스도의 장성한 분량이 충만한 데까지 이르리니 엡 4:13

소원을 말해 봐!
네 마음속에 있는 작은 꿈을 말해 봐!
- 소녀시대, '소원을 말해 봐' 중

걸그룹 소녀시대가 꿈속에 찾아와 소원을 물어봐도 당황할 필요 없다. 다가올 내일을 걱정하며 노심초사할 필요도 없다. 그 옛날, 예수님이 산 위에 앉아 제자들에게 해 주셨던 그 말씀만 기억하자.

그러므로 내일 일을 위하여 염려하지 말라 내일 일은 내일이 염려할 것이요 한 날의 괴로움은 그 날로 족하니라 마 6:34

황금 탄탄대로 끝에는 신기루뿐임을

최근 연예인들의 솔직한 고백으로 알려진 '공황장애'는 예기치 않은 순간에 갑자기 극심한 공황 발작이 밀려오는 불안장애이다.

비단 사람만 공황 상태에 빠지는 것은 아니다. 1929년 10월, 미국에서 시작된 세계 대공황은 자본주의에 물든 인간의 욕망에 밀어닥친 세계적인 공황 발작이었다. 세계 대공황은 미국 월스트리트의 주가가 급작스럽게 폭락하면서 시작되었다. 그 당시 미국의 GDP는 60퍼센트가 증발하였으며 독일은 노동 인구의 44퍼센트가 실업자로 전락하였다. 대공황 이후 3년간 미국 시가 총액의 90퍼센트가 증발했으며, 대공황이 절정에 달한 1933년에는 미국의 실업자 수가 1,500만 명에 육박했다.

그렇게 모두가 힘든 시기에 발표한 영화 한 편이 꿈과 희망을 노래했다. 라이먼 프랭크 바움(Lyman Frank Baum)의 동화 《위대한 오즈의 마법사》를 원작으로 만든 뮤지컬 영화 '오즈의 마법사'다. 이 영화는 미국 캔자스 농장에 살던 한 소녀, 도로시의 여행 이야기다. 도로시는 어느 날 애완견 토토와 함께 회오리바람에 휩쓸려 신비한 나라로 가게 된다. 그

곳에서 에메랄드 시티를 향해 가는 길이 환상적으로 묘사된다.

여행길을 떠나기 전, 먼치킨랜드의 먼치킨들이 도로시를 향해 "노란 벽돌 길을 따라가세요!"(Follow Yellow Brick Road!)라고 노래한다. 이 영화에서 단연 돋보인 명장면이다. 도로시는 그 노란 벽돌 길에서 뇌가 필요한 허수아비, 심장을 원하는 양철 나무꾼, 용기가 필요한 사자를 만난다. 도로시는 그 길을 따라 오즈의 마법사를 만나러 간다. 그를 만나면 모든 것이 이루어질 줄 알았다. 그러나 오즈의 마법사는 사기꾼으로 밝혀지고, 도로시는 저 무지개 너머에 있는 집을 그리워한다. 비로소 가족의 소중함을 깨닫게 된 것이다.

훗날 수많은 뮤지션이 수없이 리메이크하고 있는 주제곡

'Over the Rainbow'는 이 영화의 최고의 백미다. 도로시는 이 노래를 부르며 그리운 집으로 돌아가기 위해 다시 노란 벽돌 길을 열심히 걷는다.

'오즈의 마법사'가 발표된 지 80년이 지난 2019년에 역시 뮤지컬 영화인 '로켓맨'이 발표되었다. 이 영화는 팝의 살아 있는 전설, 엘튼 존의 삶을 다룬 뮤지컬 전기 영화다. "영국은 음식을 포기하고 음악을 선택했다"라고 평한 어떤 이의 말처럼 엘튼 존은 영국이 배출한 세계적인 음악가다. '로켓맨'은 '보헤미안 랩소디'와 함께 영국 음악의 진수를 재현한 영화로 꼽힌다.

엘튼 존은 내한 공연을 세 차례나 할 만큼 한국인에게도 매우 익숙한 아티스트인데, 그의 히트곡 중 'Goodbye Yellow Brick Road'는 한국인이 가장 좋아하는 노래로 알려져 있다.

When are you gonna come down

난 언제 고향으로 돌아갈까?

When are you going to land

언제쯤 정착할 수 있을까?

I should have stayed on the farm

농장에 남았어야만 했어

Should have listened to my old man

아버지의 말을 들었어야 했어

…

I'm going back to my plough

난 내 경작지로 돌아가겠어

Back to the howling old owl

늙은 부엉이가 울어대고

hunting the hornyback toad

두꺼비들을 잡을 수 있는 숲으로 돌아갈 거야

Oh, I've finally decided my future lies

오 마침내 결정했어, 내 미래는

beyound the yellow brick road, ah

노란 벽돌 길 너머에 있지

– 엘튼 존, 'Goodbye Yellow Brick Road' 중

　귀촌을 독려하는 노래인가? 사실 이 노래는 대도시의 삶에 환멸을 느낀 한 남자가 고향으로 돌아가겠다는 내용이다. 아울러 황금만능주의와 성공제일주의에 대한 비판과 자성을 쏟아낸다. 특히 이 곡에서 언급한 '노란 벽돌 길'은 영화 '오즈의 마법사'에서 가져온 것으로 에메랄드 시티로 연

결된 자본주의를 상징한다. 노란색은 황금의 색이다. 사람들은 견고함을 상징하는 벽돌과 노란 길을 결합해 가장 완벽한 길을 만들었다.

> 곧 동산에서 제사하며 벽돌(brick) 위에서 분향하여 내 앞에서 항상 내 노를 일으키는 백성이라 사 65:3

성공적인 인생이 보장될 것 같은 이 완벽한 '황금 탄탄대로'는 최고의 부와 명성을 누릴 수 있는 길이었다. 그러나 머지않아 알게 된다. 그 길 끝에 기다리고 있는 것은 이내 사라질 신기루라는 것을 말이다.

진로, 인생의 방향이 결정되는 중요한 순간이다. 선택의 기로에 서 있는 청춘들의 시선이 궁금했다. 그런데 최근 청소년들이 희망하는 직업 리스트에서 건물주와 사채업자를 발견하고 충격을 받았다. 자본주의 사회에서 돈을 죄악시할 생각은 없다. 풍족한 삶을 희망하는 것이 어찌 질타 받을 일인가. 걱정 없이 취미와 레저를 즐기는 것을 누가 뭐라 하겠는가. 그런데 문제는 그 돈의 힘과 맛에 붙들리게 된다는 것이다. 벽돌을 쌓듯 부를 축적해 가는 기쁨은 짜릿하다 못해 황홀하기까지 하다. 나와 가족과 미래와 노후를 돈으로 지어 가는 것이다. 그렇게 내 나라가 지어져 간다. 인생의 목적이 되어 간다.

미국의 트레빈 왁스(Trevin Wax) 목사는 그의 저서 《우리 시대의 6가지 우상》에서 현대인들이 섬기는 우상을 여섯 가지로 정리했다. '자신, 성공, 돈, 레저, 성, 권력'이 그것이다. 신앙생활은 이 우상들의 매혹적인 올가미에서 벗어나는 것이다. 보기에 멋지고 튼튼한 노란 벽돌 길에서 떠나는 것이다. 나의 나라에서 하나님 나라로 옮겨 가는 분투의 길이다.

그래서 '떠남'과 '따름'은 신앙생활에 있어서 가장 중요한 동사이다. 나의 나라를 떠나 하나님 나라를 따라가는 삶이 신앙생활이기 때문이다. 예수님도 떠남과 따름의 길을 가셨다. 하늘 보좌를 '떠나' 아버지의 뜻을 '따른' 십자가의 길을 가신 것이다. 찬송가 437장은 그 삶을 사신 예수님에 대해 노래하고 있다.

하늘 보좌 '떠나서' 세상에 오신 주님
우리에게 본을 보여 '따르라' 하셨으니
우리들도 주님처럼 남 섬기며 살아
모든 사람 한결같이 사랑하게 하옵소서
– 찬송가 437장, '하늘 보좌 떠나서' 중

노란 벽돌 길은 오늘도 치명적인 매력을 발산하며 우리 앞에 놓여 있다. 그리고 선택을 기다리고 있다. '오즈의 마법사'의 먼치킨들이 노래한 것처럼 노란 벽돌 길을 따라갈 것인지, 아니면 '로켓맨'의 엘튼 존이 노래한 것처럼 노란 벽돌 길에서 떠날지 말이다.

오즈의 마법사를 만난 후 도로시가 했던 마지막 고백은 "집 만한 곳이 없어요!"(There is no place like home!)였다. 눈물의 선지자 예레미야도 이와 비슷한 고백을 했다. "주와 같은 이 없나이다!"(There is no one like you!) 주의 이름이 이 세상 그 어떤 것보다 큰 능력임을 알았기 때문에 할 수 있는 고백이다. 하나님은 이 세상의 그 어떤 것과도 감히 비교할 수 없는 분이다.

여호와여 주와 같은 이 없나이다 주는 크시니 주의 이름이 그 권능으로 말미암아 크시니이다 렘 10:6

어떻게 살아야 하나 우물쭈물하던 그때

"향단아 그넷줄을 밀어라

머언 바다로 배를 내어 밀듯이 향단아"

미당 서정주의 '추천사'라는 시의 일부이다. 어떤 대상을 소개한다는 뜻의 '추천'(推薦)이 아니라 그네를 뜻하는 '추천'(鞦韆)이 이 시의 제재이다. 춘향전을 모티프로 하여 춘향과 이몽룡이 만나는 장면을 설정한 이 시는 저 높은 공중으로 올라가지만, 결국엔 지상으로 내려올 수밖에 없는 그네의 속성을 이용하여 '이상향에 도달할 수 없는 인간의 한계'를 드러낸 유명한 작품이다.

미끄럼틀, 시소와 더불어 동네 놀이터 3대 천왕 중 하나로 꼽히는 그네는 앞뒤로 무한 반복 운동을 통해 아이들에게 큰 사랑을 받고 있다. 그뿐만 아니라 그네는 전원주택의 필수 아이템이며, 캠핑장의 해먹으로 변형되어 어른들에게도 힐링을 선사한다.

온몸을 앞뒤로 움직이고 다리를 굽혔다 폈다 하면서 높이 올라가는 그네는 올라가면 올라갈수록 몸과 하늘이 수평에 가까워진다. 그렇게 그네를 멋지게 타기 위해선 믿음이 있

어야 한다. 땅에 깊숙이 박힌 나무의 굳셈과 나무와 나를 지탱하고 있는 그넷줄의 질김에 대한 믿음 말이다. 이렇듯 일상의 놀이 상황 속에서까지 요구되는 믿음이라는 것은 도대체 우리에게 어떻게 주어지는 것일까?

그러므로 믿음은 들음에서 나며 들음은 그리스도의 말씀으로 말미암았느니라 롬 10:17

믿음은 들음에서 생겨난다. 그리고 그 들어야 할 메시지는 바로 예수 그리스도에 관한 좋은 소식, 즉 복음인 것이다. 세상을 지으시고 다스리시는 하나님이 나의 아버지라는 믿음, 그 아버지가 능력의 오른팔로 내 인생을 붙들고 힘차게 밀어 주신다는 믿음, 그 믿음의 그네 타기가 인생이 아닐

까 싶다. 그래서 공중 그네의 아름다운 비상은 믿음의 주요
또 온전케 하신 예수 그리스도의 말씀을 듣는 이가 누릴 수
있는 가장 아름다운 특권이다.

그네만큼이나 아이들의 사랑을 한 몸에 받는 놀이기구는
시소다. 그런데 시소라는 말이 한자어나 순우리말이 아니
라 영어라는 사실을 아는 사람은 그리 많지 않다. 시소는 see
와 saw의 합성어로 '보다+보았다'가 결합된 단어다. 즉 올라
갈 때는 풍경이 보이고(see), 내려올 때는 풍경을 보았다(saw)
고 하는 매우 철학적인 의미를 담고 있다. 게다가 조금 무거
우면 앞으로 가 앉고, 조금 가벼우면 뒤로 가 앉아야 한다는
과학적 원리까지 담고 있다.

시소를 타는 아이들은 올라갈 때도 즐거워하지만 내려올
때도 똑같이 즐거워한다. 잠시 후면 다시 올라갈 것을 잘 알
기 때문이다. 그러나 철이 들어 버린 어른들은 내려가는 것
을 두려워한다. 한 번 내려오면 영영 못 올라갈 것이라고 생
각하기 때문이다.

여느 콘서트장보다 더 뜨겁게 떼창하는 논산훈련소 연무
대교회의 '실로암' 영상은 이미 '레전드 동영상'으로 유명하
다. 이 찬양은 요한복음 9장에 등장한 한 눈먼 사람에 관한
이야기다. 더는 내려갈 수 없는 인생의 바닥을 기고 있던 한

남자가 예수님을 '보게' 된 이야기다.

보다 엄밀히 말하자면 그가 먼저 주님을 보게 된 것이 아니라 주님이 그를 보셨다. '보다'라고 번역이 된 헬라어 '에이도'는 '알다'라는 의미를 내포하고 있는 단어인데, 예수님은 우연히 지나가다가 불쌍한 소경을 발견하신 것이 아니라 이미 그가 어떤 사람인지 알고 계셨으며 의도적으로 그를 찾아가셨다.

눈먼 그 사람은 예수님이 오신지도 몰랐을 뿐만 아니라 예수님의 이름도 부르지 않았다. 그는 예수님이 누구인지도 몰랐고 그분이 어떤 능력을 가진지도 몰랐다. 그러니 당연히 그는 예수님께 눈을 뜨게 해 달라는 부탁도 할 수 없었다. 그게 바로 구원받기 전 우리의 상태다. 성경에서 죄인들을 상징하는 단어로 맹인을 쓰는 이유도 바로 이때문이다. 눈먼 자를 고치시는 예수님의 이야기를 단순한 질병의 치유나 기적의 측면에서 이해할 것이 아니라, 맹인인 죄인들에게 빛을 비추어 그들의 눈을 뜨게 하시는 하나님의 구속사의 관점으로 바라보아야 한다.

어둡고 캄캄한 밤처럼 한 치 앞도 못 보던 눈먼 자가 이제는 자신이 가야 할 길을 밝히 볼(see) 수 있게 된 것은, 이미 그를 보시고(saw) 찾아와 주셨던 예수님의 사랑이 있었기에 가능했다. 이것은 "나는 세상의 빛이다"라고 말씀하시며 땅에 침을 뱉어서 진흙을 이겨 우리 눈에 발라 주시는 주님의 사랑 덕분에 가능한 일이다.

태어날 때부터 한 번도 보지 못한 그 눈먼 자는 이제 세상을 또렷이 보게 되었다. 우리말 '보다'의 명사형 '봄'이 사계절의 첫 계절의 이름이 된 것처럼 그는 인생의 봄(春)을 맞게 되었다. 아이러니하게도 봄을 영어로 하면 스프링(spring)이다. 퐁퐁 솟아나는 샘이다. 그 샘은 알파요 오메가며 시작과 끝이신 예수님이 목마른 사람에게 값없이 주시는 생명수의 근원이다.

"우물쭈물하다가 내 이럴 줄 알았다."

노벨문학상 수상자였던 극작가 조지 버나드 쇼(George Bernard Shaw)의 묘비 문구처럼, 우물쭈물하고 있는 한 여인이 있다. 사마리아 수가성에 사는 이 여인은 늘 대낮에 우물을 길러 나왔다. 사람들의 따가운 시선을 피해 뜨거운 불볕을 택한 것이다. '여자 팔자 뒤웅박'을 믿은 그 여인은 부잣집에서는 쌀을 담고, 가난한 집에서는 여물을 담는 뒤웅박처럼 좋은 남자를 만나는 것이 중요하다고 생각했다. 그래서 그렇게 남자에게 몸도 마음도 다 주고 인생을 걸었다. 행복은 파랑새인가? 잡힐 듯 잡히질 않는다. 이미 다섯 번째 남

편이 지나갔고, 지금 곁에 여섯 번째 남자가 있지만 그 타는 목마름은 여전하다. '어떻게 살아야 하나?' 인생 한복판에서 우물쭈물하고 있는 이 여인이 지금 우물가 곁에 서 있다.

"내게 물 좀 떠 주겠느냐?"

예수님이 최적의 래포(rapport)로 이 사마리아 여인의 마음의 문을 여신다. 그리고 최고의 선물을 선사하신다.

내가 주는 물을 마시는 자는 영원히 목마르지 아니하리니 내가 주는 물은 그 속에서 영생하도록 솟아나는 샘물(water of spring) 이 되리라 요 4:14

여인은 살기 위해 어쩔 수 없이 매일 가야만 했던 우물가에서 뜻밖의 선물을 받았다. 영원한 생명을 만난 것이다. 그리심 산이나 예루살렘에 갇혀 계시지 않은, 영이신 하나님께 드리는 참 예배는 예수 안에서 온 맘으로 드려야 함도 알게 되었다.

하나님은 영이시니 예배하는 자가 영과 진리로 예배할지니라 요 4:24

여인은 다시 태어났다. 세상은 달라졌다. 가슴 속 깊은 곳에서 뜨거운 것이 꿈틀거렸다. 생명 같았던 물 항아리는 더이상 필요 없었다. 그녀는 이젠 우물쭈물하지 않았다. 즉시 마을로 돌아갔다. 그리고 외쳤다.

"여보시오, 마을 사람들! 오늘 난 만났어요. 영원한 생명을 주시는 메시아를. 여보시오, 마을 사람들! 오늘 난 보았어요. 영원히 목마르지 않는 샘물을."

매일 '어떻게 살아가야 하나?' 인생 대책에 부심(腐心)하던 여인이 예수 부심(負心)으로 살아나기 시작했다. 진짜 부심(父心)인 하나님의 마음을 알게 됐으니 당연지사(當然之事). 소리 높여 외치는 우물가의 여인은 예전의 우물쭈물하던 여자가 아니었다. 그녀에겐 오늘부터 샘물이 '봄의 물'(water of spring)이 될 테니까 말이다.

사람은 사랑을 찾아야 산다

"사랑하지 않으면 사람이 아니다."

사랑과 사람, 거의 비슷한 형태소를 가진 이 두 낱말은 불가분의 사이이다. 사랑을 받아야 사람이 되고, 사랑을 주어야 사람이기 때문이다. 이처럼 사람은 존재 양식도 존재 이유도 사랑이다. 감정은 가치화되기 어렵다. 유일하게 가치화되는 감정이 사랑이다. 이렇게 사람은 사랑받기 위해 태어나고 사랑하기 위해 살아간다.

인류를 끌고 온 역사의 수레바퀴도 사랑의 수레바퀴다. 사랑의 역사는 감히 가늠할 수 없다. 역사는 문화를 옷 입고 꾸준히 발전해 왔다. 문화 인류학적으로 온 인류에게 가장 큰 사랑을 받아 온 대표적인 문화 예술 콘텐츠는 무엇일까? 건축, 조각, 회화, 문학, 무용, 연극 등 기라성 같은 후보들을 제치고 당당히 대표에 오른 것은 '음악'이다. 현대의 복합 문화 콘텐츠 시장인 뮤지컬과 영화도 음악만큼은 양보할 수 없는 필수 불가결한 존재다. 그래서 유명한 작품 뒤엔 언제나 더 유명한 음악이 있다. '오페라의 유령', '레미제라블', '지저스 크라이스트 슈퍼스타', '미스 사이공', '캐츠' 등 내로라하는 세계적인 뮤지컬 작품들은 하나같이 명불허전의 주제곡을 보유하고 있다.

대표적인 브로드웨이 뮤지컬로 자리 잡은 '아가씨와 건달들'(Guys & Dolls) 또한 예외가 아니다. 해외는 물론 국내에서도 종종 무대에 오르는 이 작품은 두꺼운 팬층을 보유한 명작이다. 탄탄한 구성과 현란한 춤과 노래, 그리고 화려한 무대는 오랫동안 많은 이들에게 사랑을 받기에 전혀 부족함이 없다. 뉴욕 나이트클럽을 배경으로 한 이 작품은 도박에 미쳐 14년째 결혼을 미룬 주인공 나싼과, 깐깐한 아가씨 사라, 또 그녀를 유혹하려는 스카이를 중심으로 펼쳐지는 유쾌한 코믹 멜로물이다.

제목처럼 이 작품에는 건달들이 등장한다. '느와르'라는 장르가 생길 정도로 언제부턴가 현대물의 작품 소재가 범죄나 사회 부조리가 일색이 되어 버렸다. 이제 웬만한 작품들에는 건달이나 조직폭력배가 감초 역할을 톡톡히 하고 있다. '양깡불건' 세상이 된 것인가? 양아치, 깡패, 불한당, 건달이 판치는 세상 말이다.

'양아치'는 원래 '동냥아치'에서 온 말이다. 동냥아치의 '동'을 생략해 '냥아치'가 되고, 냥아치의 두음 'ㄴ'이 탈락하여 '양아치'가 된 것이다.

'깡패'는 영어 '갱'(gang)에서 출발했다. '갱들의 패거리'라

는 뜻으로 '갱패'(gang牌)라고 부르던 것이 깡패가 되었다. 후에 함께 어울려 다니며 말썽을 일으키는 패거리를 일컫는 낱말이 됐다.

'불한당'은 한자 그대로 '땀(汗) 흘리지 않는(不) 무리(黨)'라는 뜻이다. 일하지 않고 놀고먹는, 무위도식하는 사람을 일컫는 말이다.

'건달'은 불교에서 온 말로 인도의 산스크리트어 '간다르바'(Gandharva)에서 유래했다. 간다르바는 떠돌아다니며 향을 먹고 노래와 춤을 추는, 음악을 다스리는 신이다. 이를 한자로 옮겨 적으면서 건달파(乾闥婆)가 되었고, 나중에는 하는 일 없이 빈둥빈둥 놀거나 게으름을 부리는 사람을 가리킬 때 쓰는 말이 되었다.

다시 뮤지컬 '아가씨와 건달들'로 돌아와 보자. 이 작품은 허랑방탕한 인생을 보내던 건달들이 자신의 인생에 불쑥 찾아온 사랑을 어떻게 풀어 나가는지 보여 준다. 건달의 유래가 불교의 신이라는 것도, 노래와 춤을 주관하는 신이라는 것도 참 신기하다. 노래와 춤이 전공인 건달 신이 뮤지컬의 주인공이 되었다는 것이 이상하게 자연스럽다.

일생을 빈둥거리며 도박에 미쳐 살던 건달에게 사랑은 자신과는 무관한 것이라 생각했다. 그러다 알게 된 한 아가씨는 사랑이 무엇인지 알게 해 주었다. 건달과 아가씨는 불신과 오해를 거듭하며 갈등에 빠지지만 극적으로 서로의 진심을 확인한다. 건달을 향해 자신의 사랑을 고백하는 아가씨의 노래는 보는 내내 관객의 눈시울을 뜨겁게 한다.

이 브로드웨이 작품에 버금가는 작품이 있다. 건달을 향한 아가씨의 노래와는 비교 자체가 불가한, 세상에서 가장 아름다운 노래가 있다. 바로 아가씨가 아닌 아가시(雅歌詩)이다. 욥기, 시편, 잠언, 전도서와 함께 시가(詩歌) 문학의 하나인 아가서는 '노래 중의 노래'라는 뜻을 가진 책이다. 세상에 존재하는 노래들 가운데 가장 아름다운 솔로몬의 노래인 것이다.

아가서는 참 특이한 책이다. 성경이지만 '하나님'이란 단어가 단 한 번도 나오지 않는다. 오히려 원색적인 남녀 간의 사랑 이야기로만 가득 채워져 있다. 아가서의 포도원지기인 술람미 여인과 솔로몬의 사랑 이야기는 신분과 국경을 초월했을 뿐만 아니라 가장 순전하고 순결한 사랑을 보여 준다. 더 나아가 풍부한 은유와 다양한 상징이 동원된 탁월한 예술적 가치가 돋보인다.

이처럼 아가서는 남녀의 사랑을 통하여 하나님의 사랑, 그리고 신랑 되신 예수님과 신부인 교회의 사랑을 매우 감

각적이면서도 아름답게 그리고 있다. 이 책은 지금도 매년 유월절 제8일째 되는 날, 유대인들에 의해 낭송되고 있다. 죄에게 종살이하던 자녀를 가슴에 품고 죽음을 넘어선 (passover) 아버지의 사랑을 노래하고 있는 것이다.

로버트 스턴버그(Robert Sternberg)가 1986년에 발표한 '사랑의 삼각형 이론'(triangular theory of love)에 따르면, 사랑에는 반드시 수반하여 균형이 잡혀야 할 세 가지 요소가 있다고 한다. 그것은 '친밀감'(intimacy), '열정'(passion), '헌신'(commitment)이다. 이 세 가지 요소가 제대로 균형을 잡고 서 있어야 온전하고 성숙한 사랑을 유지한다는 것이다.

그러나 이 시대는 균형을 잃은 채 일그러진 가짜 사랑이 범람하고 있다. 마치 홍수 때 마실 물이 없는 것처럼, 차고 넘치는 사랑 노래 속에서 진짜 사랑에 목말라 하고 있다. 사람은 진정한 사랑에 갈증을 느끼게 되어 있다. 그래서 찾게 되어 있다. 밀물처럼 밀려오는 사랑 타령들 속에서 썰물처럼 쓸려 나가지 않을 참 사랑을 말이다. 사람은 사랑을 찾아야 산다. 내 인생의 무대 위에서 내가 쏟아야 할 마지막 예술혼도 사랑의 노래를 부르는 것이다.

허랑방탕한 건달 같은 내 인생에 세상에서 가장 아름다운 연가가 들려온다. 아가서는 술람미 여인을 향한 솔로몬만의 노래가 아니다. 그 어떤 많은 물로도 쉽게 끌 수 없는 불같은 '러브 소나타'이다. 실로 노래 중의 노래다.

많은 물도 이 사랑을 끄지 못하겠고 홍수라도 삼키지 못하나니
사람이 그의 온 가산을 다 주고 사랑과 바꾸려 할지라도 오히려
멸시를 받으리라 아 8:7

PART

3

Part 3.

하늘 너머를 보는 통찰,

복음

대머리 총각의 쓸개는 얼마나 컸던 걸까

여행의 계절, 바캉스 시즌에도 여행은 꿈도 못 꾸고 어학원에 처박혀 있던 시절이 있었다. 취업준비생으로 열심히 영어 공부에 매진했던 그 시절, 원어민 강사로부터 듣고 또 들어도 도저히 구분하지 못했던 단어가 몇 개 있었다.

공을 뜻하는 'ball'[bɔːl]과 그릇을 뜻하는 'bowl'[boul]이다. [볼]과 [보울]을 차별화하기 위해 다람쥐 볼을 만들고 미간엔 내 천(川)자를 새기며 열심히 발음했던 기억이 새롭다. '공은 멀리 던져야 하니까 길게, 그릇은 움푹 패였으니 입을 오므려서' 다분히 억지스러웠지만 나름의 유사성을 만들어 내 외우듯 했던 나름의 학습법은 그래도 꽤 효과적이었다.

그러던 차에 걸려든 또 한 단어가 있었으니 바로 '머리가 벗겨진'이란 뜻의 형용사 'bald'[bɔːld]와 '대담한'이란 뜻의 형용사 'bold'[bould]였다. 원어민의 발음으로 아무리 듣고 또 들어도 [보올드]와 [보울드]는 내 달팽이관을 혼란스럽게 할 뿐 정확한 구별은 힘들었다. 이 두 단어가 도대체 무슨 연관성이 있기에 이렇게 발음이 비슷하단 말인가. 한참을 고민하다가 결국 '머리가 벗겨진 사람은 대담하다'라는 엉뚱한 해결책으로 자위하며 편하게 발음하기로 결정해 버

렸다. '보올드 is 보올드'

네덜란드 예술의 황금기를 이끌었던 당대 최고의 화가, 렘브란트(Rembrandt)에게도 예술적 영감을 준 친구가 있었다. 아담 엘스하이머(Adam Elsheimer)다. 그는 세밀화 동판 위에 정교하고도 아름다운 장면을 묘사하기로 유명한 화가다. 인물화와 풍경화에만 능했던 것이 아니라 태양, 달, 횃불, 벽난로에서 나오는 빛의 효과를 자신의 작품 속에 탁월하게 적용했다. 특히 밤의 풍경을 묘사한 그의 작품들은 유럽의 수집가들을 안달 나게 할 정도로 큰 인기를 얻었다. 그중 단연 최고의 작품은 영국 런던 내셔널 갤러리에 소장되어 있는 '몰타의 사도 바울'이다.

엘스하이머가 1600년까지 로마에 체류하면서 사도행전 28장의 소재를 가지고 그린 이 작품은 난파를 당해 몰타섬에 체류하게 된 바울의 모습을 매우 사실적으로 묘사하고 있다. 밤하늘에는 번개가 번쩍이고, 폭풍우를 경고하는 횃불이 절벽 꼭대기에 박혀 있다. 일렁이는 바다 위에 부서진 배의 유해가 이리저리 떠다니고, 거대한 파도가 바위에 부딪혀 부서지는 모습이 절묘하기까지 하다. 모닥불 주위에 모인 사람들과 섬 원주민의 도움을 받아 젖은 옷을 말리고 있는 사람들 사이에 한 사람이 유독 눈에 들어온다. 모닥불

옆에 서서 뱀을 움켜쥔 민숭민숭 대머리 아저씨다. 바짝 독오른 독사 한 마리를 움켜잡고 있는 그 독특한 헤어스타일의 주인공은 분명 바울이다.

철저한 신학적 고증을 바탕으로 그려진 당대의 유명 작가의 그림은 그 자체가 역사물이다. 전승되는 여러 기록물 중 《바울과 테클라 행전》(*Acts of Paul and Thecla*)은 바울의 외모를 상세하게 기술하고 있다. "그는 키가 작고, 대머리이고, 다리가 휘었다. 그리고 몸이 다부지고, 미간이 아주 좁으며, 코가 길었다."

개인 간에도 끊임없이 가리게 되는 우열의 요인이자, 인생의 성패를 가른다고 믿는 이놈의 '외모'는 이 시대에도 가장 신경쓰이는 스펙이다. 그날, 몰타섬의 거센 폭풍우처럼 이 시대를 덮친 '루키즘'(lookism)은 이미 그때부터 시작된 사회 풍조가 아니었을까? 외모지상주의로 대변되는 현대 사회에서 그 정도의 외모였다면 정말 바울은 최악이다.

옥중에서 기록된 것이라고는 믿기 어려운 빌립보서는 바울의 감사와 찬양, 환희의 기쁨이 담뿍 담긴 편지글이다. 빌립보서에는 사도로서 바울의 인생관이 고스란히 담겨 있다. 이 시대 청년들의 기도 제목과 숙원 사업이라고 하는 결혼과 취업은 바울에게는 관심 밖, 남의 이야기다. 이 땅에서의 모든 기득권을 해로 여기는 이유를 빌립보서에 적시해 놓은 바울은 예수 그리스도를 아는 지식이 가장 고상하기 때문에 그분으로 인해 잃어버리는 모든 것을 아쉬워하지 않는다. 그것들을 배설물로까지 여긴다(빌 3:8).

한의학에서는 담(膽)이라고도 하는 쓸개를 대담한 용기를 내는 장기로 설명한다. 그래서인지 우리 주변에는 이런 사실을 바탕으로 한 관용적 표현을 많이 사용한다. 예를 들어 '담이 크다'는 말은 곧 '용기가 있다'는 뜻으로 쓰인다. 반면에 '쓸개가 빠졌다'는 말은 '용기가 없이 비겁하고 줏대가 없다'는 의미로 쓴다. 그런 의미로 봤을 때 바울의 쓸개는 그 크기를 추측하기도 벅차다. 3차에 걸쳐 시도된 사도 바울의 전도 여행은 거리만 해도 자그마치 1만 7천 킬로미터다. 안락한 가정이나 세상의 부귀영화 따위에는 요만큼의 관심도 없었던 대머리 총각은 그렇게 담대한 전도 여행으로 생을 마쳤다.

혹시 '사도행전 29장'을 써야겠다는 비전을 가지고 있는가? 그렇다면 반드시 사도행전 28장의 마지막 구절을 주목해야 한다. 모진 고생과 죽을 고비 속에서도 끝까지 버틸 수 있었던 바울의 여행 목적이 적혀 있기 때문이다. 그 힘든 여행을 끝까지 완주하게 한 원동력 말이다. 그에게는 담대하게 선포하고 싶은 한 나라와 소개하고 싶은 한 사람이 있었다. 그 나라는 하나님 나라, 그 사람은 예수 그리스도다. 그리고 이 아름다운 여행은 내 영어 발음으로는 거의 구별이 되지 않는 '대머리(bald) 총각의 대담한(bold)한 여행'이다. 책 한 권 챙겨 여행을 떠나고 싶어진다.

하나님의 나라를 전파하며 주 예수 그리스도에 관한 모든 것을 담대하게(boldly) 거침없이 가르치더라 행 28:31

미지근하여 구토유발자가 되지 않기 위해

유난히 폭염으로 힘들었던 1998년 7월, 프랑스는 어느 때, 어느 지역 못지않은 정말 뜨거운 여름을 보냈다. 개선문부터 콩코드 광장까지 꽉 들어찬 인파가 뿜어내는 열기는 상상 그 이상이었다. 자국에서 치른 월드컵이 성공적으로 마무리된 데다가 우승까지 거머쥐었으니 온 프랑스는 그야말로 잔칫집이었다.

그 축제의 해가 저물어 가는 12월에 일드프랑스 센생드니에서 한 아기가 태어났다. 제2의 펠레란 찬사를 받으며 프랑스 축구를 이끌고 있는 킬리안 음바페(Kylian Mbappe) 선수다. 2018년 러시아 월드컵에서 20년 만에 조국의 품에 우승컵을 안긴 킬리안 음바페는 프랑스의 차세대 축구 영웅으로 확실히 자리매김했다. 불과 19세의 나이에 개인기, 스피드, 결정력, 멘탈 무엇 하나 빠지는 게 없는 월드클래스 공격수로 거듭났다고 할 수 있다.

러시아 월드컵은 끝났지만 샹젤리제 거리는 한동안 수많은 삼색기와 축하 연막이 가득했다. 프랑스 축구 국가대표팀을 '레 블뢰'(Les Bleus), 우리말로 '푸른 군단'이라고 부른다. 푸른 군단의 특징은 이주민 유망주 발굴과 인종차별이 없다

는 것이다. 외인 부대라고 해도 과언이 아닐 정도로 인재 육성을 위한 포용 정책이 프랑스 축구의 가장 큰 장점이다. 킬리안 음바페가 그런 프랑스 축구의 결실이었다. 프랑스는 이 젊은 영웅에게 최고 훈장인 레지옹 도뇌르를 수여하고, 부와 명예를 안겨 주었다.

그러나 이제 갓 20대가 된 어린 선수라 그런지 킬리안 음바페는 매 경기마다 냉탕과 열탕을 오갔다. 어느 때는 저돌적인 공격 스타일로 경기를 후끈 달아오르게 했지만, 또 어느 때는 흑인 특유의 몸싸움이 빚은 오해로 찬물을 끼었었다. 하지만 질책 뒤엔 더 큰 박수와 칭찬을 보내 준 팬들이 있었기에 킬리안 음바페는 결정적 순간에 승부를 결정짓는 쐐기골로 보답하곤 했다. 일본 소설 《냉정과 열정 사이》에 나오는 주인공 준세이처럼 킬리안 음바페는 성장통을 겪어 가며 성장 중이다. 때로는 냉철하게, 때로는 열정적으로 그라운드의 여우로 진화할 것이다.

냉정과 열정을 넘어 극한과 극서를 오가는 사람들이 있다. SBS 예능 프로그램 '정글의 법칙'에 출연해 극한 상황에서 생존을 하는 연예인들이다. 이 방송은 해외의 무인도나 정글 등 인적이 드문 곳에서 의식주를 해결하는 노하우를 담은 예능 작품이다. 몇 년 전에 방송된 남극 생존기에서는 김병만이 남극점 베이스캠프에서 재미있는 장면을 연출했다. 카메라도 꽁꽁 얼어붙는 극강의 추위 속에서 뜨거운 물을 하늘에 뿌린 것이다. 순간 차가운 공기 중에 물이 차갑게 얼어붙어 버렸다. 그때 김병만은 "겨울왕국의 엘사는 남극에서 뜨거운 물 장사하는 사람이다"라고 말해 큰 웃음을 샀다.

뜨거운 물이 차가운 물보다 더 빨리 어는 현상을 '음펨바 효과'(mpemba effect)라고 한다. 오랜 시간 동안 물리학의 난제 중 하나로, 상식적으로 이해하기 힘들지만 엄연히 우리 주위에서 관측되는 과학적 현상이다. 굳이 수소결합이니 공유결합이니 하는 전문 용어도 필요 없다. '많은 에너지를 축적한 뜨거운 물이 냉각 시 더 빠르게 에너지를 방출하기 때문에 빨리 언다'고 하는 이 과학적 현상을 서둘러 교훈의 도구로 사용하고 싶지는 않다. "냄비 근성은 이제 그만! 뚝배기처럼 꾸준하게!"처럼 말이다.

다만 '먼저 된 사람이 나중 되고 나중 된 사람이 먼저 된다'고 하신 예수님의 말씀은 살짝 적용하고 싶긴 하다. 예수님은 마지막 성경인 요한계시록에서 물의 온도를 언급하셨다. 그것도 매우 강경한 어조로 말이다.

15 내가 네 행위를 아노니 네가 차지도 아니하고 뜨겁지도 아니하도다 네가 차든지 뜨겁든지 하기를 원하노라 16 네가 이같이 미지근하여 뜨겁지도 아니하고 차지도 아니하니 내 입에서 너를 토하여 버리리라 계 3:15-16

지리학적으로 소아시아 일곱 교회 중 마지막 교회가 있었던 라오디게아는 금, 옷, 안약 제품으로 유명한 지역이었던 반면에 물 사정이 썩 좋지 않았다. 그래서 수로를 통해 16킬로미터 떨어진 골로새에서 차가운 음용수를 끌어왔고 9킬로미터 떨어진 히에라볼리에서 뜨거운 온천수를 끌어왔다.

그런데 차가운 물이나 뜨거운 온천수가 라오디게아까지 오는 동안에 차지도 않고 뜨겁지도 않은 미지근한 물로 변했고, 사람들은 그 물을 마시고 구토를 참지 못했다. 차가운 물은 차가운 대로 시원한 냉수로서 유익을 주고, 뜨거운 물은 뜨거운 대로 온천수와 같은 유익을 준다. 하지만 이도 저도 아닌 자세를 취하는 '미지근함'은 주님의 책망 대상이었다.

볼지어다 내가 문 밖에 서서 두드리노니 누구든지 내 음성을 듣고 문을 열면 내가 그에게로 들어가 그와 더불어 먹고 그는 나와 더불어 먹으리라 계 3:20

이 말씀은 불신자에게 예수를 영접하라고 권면하는 구절이 아니다. '나는 부자라 풍족해서 부족한 것이 하나도 없다'고 여긴 라오디게아 교회에게 주는 엄중한 경고였다. 자신이 비참하고 불쌍하고 가난하고 눈멀고 벌거벗다는 것을 모르는 라오디게아 교회에게 풍족하게 되려면 불로 정련한 금을 사라고 권면하는 말씀이다.

수치를 당하지 않으려면 열성을 내고 회개하라는 주님의 돌직구를 내게 주신 말씀으로 받아야 한다. 이생의 자랑과 안목의 정욕 사이에서 이도 저도 아닌 신앙으로 스스로 부요하다고 안주하고 있는 라오디게아 교회처럼 주님과 세상 사람들에게 구토 유발자가 되지 않기 위해선 다른 방법은 없다. 견고한 믿음과 옳은 행실과 영적 분별력을 갖추어 첫 사랑을 회복하는 수밖에.

귀 있는 자는 성령이 교회들에게 하시는 말씀을 들을지어다
계 3:22

어린이는 가지만 꼰대는 못 가는 곳

"저도 어른이 처음인데요."

계획하고 어른이 된 사람은 아무도 없다. 입시, 취업, 연애, 결혼, 생계, 육아에 치여 살다 보니 '어쩌다가' 어른이 되어 버렸다. 조금 더 '괜찮은 어른'이 되는 데 보탬을 주겠다는 한 방송사의 토크쇼가 많은 이들에게 각광을 받았다. 이것은 어쩌면 진짜 어른을 갈망하는 이 사회의 단면을 보여주는 것이다.

매사에 쓸데없는 권위를 부리거나 주관적인 자신의 경험을 일방적으로 강요하는 '가짜 어른'을 일컫는 단어가 있다. 일명 '꼰대'다. 사실 이 꼰대라는 단어는 '백작'을 뜻하는 프랑스어 콩테(comte)에서 나온 말이다. 일제강점기 당시 이완용 등 친일파들은 일본으로부터 작위를 수여받을 때 스스로를 콩테라고 지칭했는데, 그들의 매국노 행태를 비난하는 사람들이 일본식 발음 그대로 그들을 꼰대라고 부른 것이다. 또 그들의 일거수일투족은 '꼰대짓'이라고 불렸다. 그 후 시간이 흘러 '짝퉁 어른'을 지칭하는 불명예를 얻게 된 것이 바로 이 꼰대다.

최근에는 나름의 육하원칙을 따른 '꼰대 감별법'까지 등장했다. "내가 누군지 알아(who)? 뭘 안다고(what)? 어딜 감히 (where), 내가 왕년에는(when), 어떻게 감히(how), 내가 그걸 왜 (why)?"다. "나 때는 말이야"로 대화의 서문을 열기 좋아하는 '라떼 매니아'들은 이 여섯 그물망을 피해 가기 힘들다. 삼 강오륜식 어른 대접을 받으려는 시도는 애초에 그만둬야 한 다. 오히려 꼰대로 판명되기 전에 적자생존(適者生存) 모드로 전환해야 할 판이다. 어쩌다가 어른은 되었지만, 지금 세대 와 공생할 방법을 모색해야 한다. 이전 세대에선 당최 기대 할 수 없었지만, 꾸준한 관심과 선제적 조치가 필요하다. 의 외로 달콤한 결과를 맛볼 수 있는 비책이기 때문이다.

꼰대 감별에 육하원칙이 있다면, 꼰대 방지에는 5계명이 있다. 첫째, 내가 틀렸을지도 모른다는 생각을 늘 잊지 말 자! 둘째, 내가 바꿀 수 있는 사람은 없다. 다만 아껴 줄 뿐 이다! 셋째, 그때는 맞지만 지금은 틀릴 수도 있다. 넷째, 말 하지 말고 듣자! 답하지 말고 묻자! 다섯째, 존경은 누려야 할 권리가 아니라 만들어 맺어야 할 열매다. 어쩌다가 어른 이 된 우리가 '어쩌라고, 배째' 하는 꼰대가 되지 않기 위해 선 차라리 어리석은 어린이로 남는 것이 나을지 모른다.

"부인, 내 호가 왜 소파인지 아시오? 나는 여태 어린이들 가슴에 잔물결을 일으키는 일을 했소. 이 물결은 날이 갈수

록 커질 것이오. 훗날에 큰 물결이 되어 출렁일 테니 부인은
오래오래 살아서 그 물결을 꼭 지켜봐 주시오."

33년의 짧은 생애를 마치면서 방정환이 아내에게 자신
의 호인 '소파'의 의미를 설명하는 대목이다. 5월 5일은 작
은(小) 물결(派)이 시작된 날이다. 무시와 천대가 당연시되던
조선의 아이들에게 한 인간으로서의 기본적인 인권을 부여
한 날이다. 그날은 인습과 편견을 걷어 낸 날이다. 포용과 역
지사지가 이룬 쾌거의 날이다. 그날의 작은 물결은 미미한
일렁임이었지만 머잖아 시대를 뒤덮는 거대한 파도로 몰아
쳤다.

> 그때에 제자들이 예수께 나아와 이르되 천국에서는 누가 크니
> 이까 마 18:1

어느 날 누가 큰 자인지를 놓고 다투던 제자들이 예수님
께 찾아와 묻는다. 예수님은 어린아이 하나를 불러서 제자
들 가운데 세우고 말씀하신다.

> 2 예수께서 한 어린 아이를 불러 그들 가운데 세우시고 3 이르시
> 되 진실로 너희에게 이르노니 너희가 돌이켜 어린 아이들과 같

이 되지 아니하면 결단코 천국에 들어가지 못하리라 마 18:2-3

이 말씀은 어린아이처럼 겸손하지 않으면 지옥에 간다는 경고가 아니다. 오히려 하늘나라는 '누가 크고 작으냐?'와는 무관한 곳이라는 것을 강조하는 말씀이다.

하나님 나라는 힘의 나라가 아니다. 외모와 배경이 힘이 되고, 업적과 능력이 최대 가치로 적립되는 세상 나라가 아니다. 힘이 지배하는 세상과는 다른, 전혀 새로운 존재 양식으로 세워진 나라가 하나님 나라다. 그 나라를 설명하기 위해 예수님은 어린이를 동원하신 것이다.

세상이 창안한 사고체계 안에 사는 꼰대들은 우열을 가리는 경쟁 트랙 안에서 무한 질주하는 것에 익숙하다. 적을 먼저 때려눕히는 격투기, 적의 왕을 먼저 제거하는 장기, 적의 땅을 먼저 많이 차지하는 바둑, 타고난 몸매와 얼굴로 우열을 가리며 경쟁을 부추기는 미녀선발대회 등 모든 게임은 꼰대들이 만들어 낸 고착화된 세상을 드러내는 것들에 불과하다. 이겨야 하고, 크게 되어야 하고, 먼저 해야 하고, 성공해야 한다는 경쟁의 링 안에서 용서나 화해는 개입되면 안 되는 덕목이다. 그게 꼰대들의 세상이다. 꼰대들의 세상은 그 자체가 경쟁이고 생존이다.

이러한 꼰대들의 '큰 자 싸움'이 교회 안으로 들어온다면 어떻게 될까? '누가 더 열심히 기도하는가?', '누가 더 전도를 많이 하는가?', '누가 더 선행을 많이 하는가?'에 불을 켜고 달려든다. 내용만 달랐지 성취 정도에 따라 상급 운운하는 '큰 자 싸움'은 교회 안에서도 여전할 수 있다. 그런 꼴불견 교회를 향해 주신 예수님의 말씀에 주목해야 한다. "너희가 변화해 어린아이들처럼 되지 않으면 결코 하늘나라에 들어갈 수 없을 것이다."

그렇게 하늘나라에서조차 누가 높은 자리에 앉을 것인가 '큰 자 싸움'을 하고 있는 제자들에게 예수님은 부모 의존적 존재인 어린아이를 등장시킨다. 능력에 따라 선발하고 배제하는 시스템에 낯선 어린아이들을 말이다. 하나님의 나라는 하나님의 은혜로 세워지고, 하나님의 은혜로 운영되며, 하나님의 은혜로 통치되는 나라다. 그 나라는 절대 큰 자와 작은 자의 구별이나 차별이 있을 수 없는 은혜의 나라다. 그 나라는 상대적 우월감으로 우쭐거리거나 상대적 열등감으로 비참해하지 않는 나라다. 나의 공로가 있음과 없음, 크고 작음, 많고 적음을 따져 그에 합당한 상을 내리는 논공행상(論功行賞)의 나라가 아니다. 오직 하나님의 은총과 긍휼만이 작동되는 나라인 것이다.

요즘 들어 등장한 신조어 중에 어린이가 결합된 단어들이 자주 눈에 띈다. 부린이(부동산+어린이), 자린이(자전거+어린이), 요린이(요리+어린이), 수린이(수영+어린이) 등이 그것이다. 각 영역에 자신은 아직 어린아이 수준밖에 되지 않는 초보자라는 뜻이다. 어린이는 '어리석은 이'와 다르지 않다. 그 어떤 것도 자신의 힘으로 할 수 없어 부모의 도움을 받을 수밖에 없는 부모 의존적 존재가 바로 어린이다. 천국은 바로 이런 하나님 의존적 존재만이 누릴 수 있는 곳이다.

　　그러므로 누구든지 이 어린 아이와 같이 자기를 낮추는 사람이 천국에서 큰 자니라 마 18:4

믿음을 소유한 자, 무슨 일인들 못할까

젊은 층들이 많이 사용하는 표현 중에 '~is 뭔들'이라는 말이 있다. 그중에서도 어떤 노래의 제목이기도 한 '넌 is 뭔들'은 '네가 뭘 한들 안 좋겠냐', 즉 '네가 하는 건 무엇이든 다 좋다'고 하는 극찬이다. 이 표현을 다양하게 대체해 응용할 수 있는데, '치킨 is 뭔들'은 '치킨이라면 뭔들 안 좋겠냐? 치킨이라면 후라이드, 양념, 간장, 순살을 안 가리고 어떤 것이든 다 좋다'는 절대적 신뢰가 담뿍 담긴 말이다. 이렇듯한 상대를 향해 부여하는 절대적 애정은 신뢰를 바탕으로 시작하는 것이고, 그 신뢰는 작은 믿음으로부터 시작하는 법이니, '믿음 is 뭔들'이란 패나 은혜로운 조어도 괜찮지 않을까.

사실 믿음의 사전적 의미는 어떤 사실이나 사람을 믿는 마음이다. 더 나아가 초자연적인 절대자, 창조자 및 종교 대상에 대한 신자 자신의 태도로서, 두려워하고 경건히 여기며, 자비·사랑·의뢰심을 갖는 일로 정의한다. '믿는 사람에게는 뭐든 가능하다!'며 믿음의 전능성을 강조하신 예수님과 오늘날의 수많은 설교를 보면 믿음의 중요성을 추호도 의심할 수 없다.

예수께서 이르시되 할 수 있거든이 무슨 말이냐 믿는 자에게는 능히 하지 못할 일이 없느니라 하시니 막 9:23

그런데 도대체 이 믿음이란 것이 사람의 마음 안에서 어떻게 격발되고 확장되며 지속되는 것인지 성경의 메시지에 주목할 필요가 있다. 우리가 믿고 있는 내용, 즉 '좋은 소식'(good news)이라고 불리는 '복음'이란 뭘까? 사실 우리 주위에는 크고 작은 복음들이 넘쳐난다. 재물과 건강, 순탄한 진학과 진로, 가족과 이룬 단란한 가정, 일상에서 누리는 소소한 행복감, 사회적 성취로 느끼는 소속감, 인생의 보람과 평판을 챙기는 자아실현 등 좋은 소식들은 차고 넘친다.

그런데 이러한 것들에게는 치명적인 문제가 있다. 한시적

일 뿐 아니라 상대적이라는 것이다. 그래서 수시로 변할 수 있다는 것이다. 그래서 인간에게는 영원토록 변치 않는 좋은 소식, 진짜 'good news'가 필요하다. 참 복음은 영원토록 변치 않을 뿐만 아니라 절대성을 담보할 때만이 성립 가능하다. 절대적으로 심각한 우리의 상태와 절대적인 해결책이 제시된 진술만을 복음으로 볼 수 있다.

"죄와 허물로 사형 언도를 받은 나를 위해 하나님은 아들을 보내 주셨고 그 아들에게 내가 받아야 할 저주를 쏟아부으셨다. 그 아들은 하나님의 백성인 우리를 위해서 기꺼이 하나님의 저주를 받아 죽으셨고, 하나님은 그 아들을 사흘 만에 살려 내셨다. 이 모든 일을 계획하시고 이루신 하나님의 의로운 행위가 나에게 전부 전가되어서 나는 완전히 용서를 받고 온전한 나음을 입게 되었다."

이 절대 복음이라는 웅숭깊은 메시지를 뒷받침하는 것이 성경이다. 1800년 동안의 장구한 역사 이야기와 장르를 가리지 않은 다양한 문학 작품, 그리고 정교하다 못해 소름 돋는 묵시들은 끊임없이 복음을 설명하고 있다. 이 절대 복음이 자신과 절대적 관계에 있다고 고백하는 사람이 그리스도인이다. 아무리 그 내용이 입틀막('입을 틀어막다'의 줄임말) 할 수밖에 없는 탁월한 메시지고 진리의 정수라고 해도 그것이 자신과 관계되어 있어야만 복음이 되는 것이다. 즉, 복음이 자신에게 복된 소식이 되기 위해서는 그 복음에 대한 절대적인 믿음이 필요한 것이다.

그렇다면 그 믿음은 어떻게 소유할 수 있단 말인가? 믿음을 논할 때 종종 등장하는 성구인 "복음에는 하나님의 의가 나타나서 믿음으로 믿음에 이르게 하나니 기록된 바 오직 의인은 믿음으로 말미암아 살리라 함과 같으니라"(롬 1:17)라는 구절을 보면 우리가 믿음을 논할 때 종종 놓치는 지점을 발견할 수 있다. 바로 믿음의 근원이다. 성경은 분명히 믿음의 근원을 '하나님의 의'라고 말한다.

성경이 말하는 의(義)는 그저 도덕적이고 윤리적인 개념 이상이다. 의는 관계를 맺고 사는 어떠한 존재가 그 관계가 요구하는 의무와 책임을 성실하게 수행하는 것을 말한다. 즉, 하나님의 의는 '아버지가 자녀의 인생에 깊숙이 관여해 처음부터 마지막까지 아버지 노릇을 해 주심'을 말한다. 그렇게 하나님이 하실 일을 성실하게 하시는 은혜와 뜻이 하나님의 의이고, 자식을 향한 아버지의 그 사랑과 은혜와 뜻이 우리를 믿음에 이르게 하는 것이다. 또한 성경은 믿음으로 믿음에 이르게 한다고 기록되어 있다. 믿음의 과정으로부터 믿음의 결과까지 믿음이 우리를 끌고 간다는 말이다.

그러면 도대체 믿음의 과정은 무엇이고 믿음의 결과는 무엇을 말하는 것일까? 관건은 믿음의 주체와 주도성이다. 인간은 스스로 하나님을 찾고 믿을 수 있는 능력을 상실했기에 믿음이 인간 자신의 힘으로부터 도출되는 것은 불가능하다. 믿음이란 하나님이 죄와 허물로 죽었던 우리를 하나님의 자녀로 완성시켜 가시는 하나님의 주도성을 인정하는 것이다. 그렇게 하나님으로부터 시작된 하나님의 믿음이 우리에게 먼저 주어지는 것이다.

하나님의 작정과 계획과 약속, 이 모든 것들을 하나님의 믿음이라고 한다. 그 믿음이 우리 삶에 무조건적으로 들어와 우리를 훈계와 징계로 설득하며 하나님의 자녀로 지어간다. 하나님의 믿음은 우리를 험악한 세월로 통과시키고 고통의 질곡을 넘게 하며, 마침내 우리가 하나님을 아버지로 인정하는 새로운 국면에 이르도록 전환한다.

'아, 하나님은 정말 전지전능하신, 유일하신 분이시구나. 나는 하나님을 의지할 때 비로소 참 행복을 누릴 수 있는 자로구나'라고 고백하는 것이 우리의 믿음이다. 그러니 믿음은 어떤 의미에서 적극적인 능동태가 아니라 소극적인 수동태라고 할 수 있다. 믿을 수밖에 없게 된 은혜의 결과인 셈이다.

이처럼 하나님으로부터 시작된 하나님의 믿음이 우리의 인생에 적극적으로 개입해 들어오시는 사랑의 약속을 '객관적 믿음'이라고 하고, 우리가 그 하나님의 믿음의 역사를 통해 그분을 나의 아버지로 인정하고 결국에는 믿게 되는 것을 '주관적 믿음'이라고 한다. 그래서 바울은 '믿음으로 믿음에 이르게 한다'고 말한 것이다. 그러니 믿음은 전적으로 하나님이 주신 놀라운 은혜이며 아름다운 선물이랄 수밖에 없다.

너희는 그 은혜에 의하여 믿음으로 말미암아 구원을 받았으니 이것은 너희에게서 난 것이 아니요 하나님의 선물이라 엡 2:8

내 주먹만 믿는다는 불신의 시대에 우리는 어떻게 이 아름다운 선물을 받게 되었을까? 이 믿음을 소유한 자, 무슨 일인들 못할까? 어떤 상황인들 못 이겨 낼까? 어떤 사람인들 품지 못할까?

"믿음 is 뭔들."

왼손잡이 쪼다도 하나님이 쓰시면 영웅이 된다

SBS TV 프로그램 '미운 우리 새끼'는 스타들, 특히 아직 결혼하지 않은 싱글족 스타들의 엄마가 자식의 엉뚱하면 서도 속 터지는 일상을 관찰하는 예능 프로그램이다. 당연 히 그 제목은 안데르센(Andersen)의 《미운 오리 새끼》(The Ugly Duckling)에서 착안했을 것이다. 이 덴마크 동화 작가 덕분에 '미운 오리 새끼 증후군'(ugly duckling syndrome)'이 세상에 알려 졌다. 문제아요 골칫덩이로 취급되던 이 세상 못난이들도 결국엔 화려한 날갯짓을 한다는 희망의 메시지로 말이다.

유난히 큰 알에서 태어난 새끼 오리 한 마리가 보통의 오리 들과 다르게 생겼다는 이유로 주변 친구들에게 늘 괴롭힘을 당한다. 처음엔 다독여 주던 엄마도 결국 고개를 가로젓는다.

상처 입은 새끼 오리는 집을 떠나 어느 마음씨 좋은 할머니의 집에서 지낸다. 하지만 그 집에 있던 닭과 고양이의 괴롭힘에 못 이겨 결국 도망쳐 나온다. 춥고 외로웠던 긴긴 겨울이 지나고 봄이 찾아왔다. 따스한 어느 날, 새끼 오리는 자신이 하늘을 날 수 있다는 사실을 깨닫는다. 그리고 자신이 사실은 못생긴 오리가 아닌 백조였다는 사실을 자각한다. 우아한 백조도 오리들의 세상에선 못난이일 수밖에 없는 세태 고발적 메시지와 함께 반전 드라마의 플롯을 충실히 따른 이 명작은 지금도 전 세계 아이들의 동심에 불을 지피고 있다.

우리나라 최고 역사서인 《삼국사기》에도 이와 같은 반전의 명작이 한 편 실렸으니 바로 '온달 이야기'이다. 기록에 의하면, 고구려 평강왕(평원왕) 때 사람인 온달은 그 용모가 구부정하고 우스꽝스러웠지만 마음씨는 빛이 났다고 한다. 집안이 몹시 가난해 항상 밥을 빌어 어머니를 봉양했고 떨어진 옷과 해진 신발을 걸치고 시정을 왕래하니, 당시 사람들이 그를 '바보 온달'이라고 불렀다. 평강왕은 어린 딸이 울기를 잘하니 놀리면서 말했다.

"네가 항상 울어서 내 귀를 시끄럽게 하니, 자라면 틀림없이 사대부의 아내가 못 되고 바보 온달에게나 시집을 가야 되겠다."

울보가 바보를 만난 이상한 사건, 계급과 신분을 뛰어넘은 세기의 사건, 이상적인 인재 육성을 보여 준 교육적 사건 등 다양한 해석이 있겠지만, 이 온달 이야기는 고구려 사회의 비주류층 쪼다 한 명이 부마가 되더니 결국에 전쟁 영웅으로 등극하는 반전의 역사 드라마가 되었다.

"박제가 되어 버린 천재를 아시오?" 하는 이상의 '날개' 첫 구절처럼 질문 하나를 던져 볼까 한다. "쪼다가 되어 버린 왕자를 아시오?"

'쪼다'라는 단어의 어원 설에는 왕이 되지 못한 한 왕자의 슬픈 이야기가 담겨 있다. 왕자로 태어나 왕이라는 권리를 누리지 못한 사람. 60세가 넘어도 왕자에 머무를 수밖에 없었던 이 사람. 체력, 학습력, 정치력 등 왕이 될 모든 역량을 갖추었지만 평생 왕자로 살아야만 했던 이 사람. 아버지 왕이 너무 오래 산 까닭에 결국 왕위를 이어받지 못하고 아버지보다 먼저 죽은 고조다(高助多)의 짠한 사연이다. 고조다 왕자는 고구려 제20대 왕인 장수왕의 아들이다. 장수왕은 광개토대왕에 이어 20세에 즉위하여 98세에 승하할 때까지 무려 78년간을 재위한 역대 최장수 왕이라 할 수 있다. 아버지의 장수 탓에 왕자 조다는 왕이 되길 기다리며 수십 년 동안 왕 수업만 받다가 죽었고, 그 아들이 할아버지 장수왕의 뒤를 이어 왕이 되니 그가 바로 고구려 최대영토 시대의 문자명왕(文咨明王)이다. 왕자로 태어났으나 자기 권리를 누리지 못하고 죽은 조다. 여기서 뜻이 확장되어 어리석어서 자기 권리를 누리지 못하거나 용기 없는 사람을 '쪼다'라고 부르게 되었다는 설이 있다.

> 모두가 똑같은 손을 들어야 한다고
> 그런 눈으로 욕하지 마
> 난 아무것도 망치지 않아
> 난 왼손잡이야
> — 패닉, '왼손잡이' 중

오른손의 '오른'이 '옳다'라는 것과는 반대로 왼손은 그 말부터가 부정적이다. '왼'의 원형인 '외다'의 사전적 정의는 '물건이 좌우가 뒤바뀌어 쓰기에 불편하다', '마음이 꼬여 있다'라는 뜻이다. 야구에서 왼손잡이 투수나 권투의 왼손잡이 선수를 일컬어 '사우스포'(southpaw)라고 한다. 이 역시 손을 동물의 발에 비유하는 비칭어이다. 그러나 이런 부정적인 의미들과는 다르게 왼손은 특별한 장점들을 가지고 있다. 왼손을 잘 쓰면 우뇌가 발달해 예술적 감각을 기를 수

있다고 한다. 또한 좌우뇌 연동성이 빨라 빠른 판단력을 내릴 수 있고, 운동선수는 희소가치가 높아 성공 가능성 또한 높다.

예부터 인류는 전쟁 중에 공격하는 오른손의 창만큼이나 심장을 지키기 위한 왼손의 방패가 중요했다. 오른손의 아름다운 피아노 연주는 왼손의 도움이 없다면 외로울 뿐이다. 소수의 판단보다 다수의 판단이 더 합리적일 거라는 다수결의 원칙처럼 소수의 왼손보다 다수의 오른손이 더 옳게 보이고 보편적인 것은 어쩔 수 없다. 그러나 우리는 익숙하지 않으면 틀렸다고 생각하는 편견을 버려야 한다. 어떤 상황에서 누구든지 못난이가 되고 쪼다가 될 수 있다는 사실을 잊어서는 안 된다.

야곱의 사랑하는 아내 라헬은 아들을 낳다가 죽었다. 그녀는 그 아들의 이름을 '내 슬픔의 아들'이란 뜻의 '베노니'라 불렀다. 하지만 야곱은 그 아들을 '오른손의 아들'이란 뜻의 '베냐민'으로 다시 불렀다(창 35:18). 이처럼 이스라엘의 열두 지파 중 베냐민 지파는 오른손의 아들들이다. 이스라엘의 초대 왕인 사울을 비롯해 선지자 예레미야, 유대인을 구한 모르드개와 에스더, 바울이 다 오른손의 아들들이다. 그런데 이런 오른손 명문가에 돌연변이가 한 명 태어났다.

베냐민 사람 게라의 아들이자 80년 동안 이스라엘을 통치한 두 번째 사사 왼손잡이 에훗이다.

고대시대의 통념이나 성경도 오른손은 권능의 손이다. 그래서 구약 성경에는 하나님이 오른손으로 능력을 행하신다는 표현이 많이 나온다. 그뿐만이 아니다. 히브리어로 왼손잡이를 가리켜 '이쉬 잇테르 야드 예미노'라고 했는데, 이는 직역하면 '오른손이 닫힌 남자'라는 뜻이다. 당시 왼손잡이가 얼마나 비정상적인, 못난이, 쪼다 취급을 받았는지 알 수 있다. 그런데 그러한 오른손의 아들들 가운데에서 하필 오른손을 쓰지 못하는 왼손잡이가 사사로 뽑힌 것일까?

이스라엘이 여호와의 목전에서 악을 행할 때마다 하나님은 이스라엘의 대적들을 키우셨다. 모압 왕 에글론이 암몬, 아말렉과 연합하여 이스라엘에 쳐들어왔다. 모압과 암몬은 아브라함의 조카 롯이 딸들과의 관계를 통하여 낳은 저주의 자식들이다. 아말렉은 에서의 아들 엘리바스의 첩 딤나의 아들이다. 그렇게 배태된 그 족속을 허락하시고 심지어 보호하시는 이유는 훗날 당신의 역사 속에서 써먹기 위해서다.

그렇게 하나님이 대적들을 강성케 하셔서 이스라엘을 치게 하셨을 때 어떤 결과가 펼쳐졌나? 부르짖음이다. 하나

님은 성도의 변화된 삶 이전에 부르짖음을 요구하시는 분이다. 에훗도 이스라엘의 부르짖음에 등장한 사사이다(삿 3:15). 그 부르짖음은 단순히 살려달라고 외치는 고함이 아니다. 내 행위로 지켜낼 수 없는 율법의 절망 앞에서 옷을 찢고 마음을 찢어 죽여 달라고 고하는 탄식이다.

16 … 주는 번제를 기뻐하지 아니하시나이다 17 하나님께서 구하시는 제사는 상한 심령이라… 시 51:16-17

상한 심령이란 철저한 자기 부인과 자기 절망 속에서 하나님만 붙들게 되는 것이다.

에훗은 45센티미터 길이의 양날을 가진 칼을 자기 옷 속 오른쪽 허벅지에 숨기고 모압 왕 에글론에게 선물을 가져갔다. 에글론은 매우 뚱뚱한 사람이었다. 에훗은 선물을 바친 후에 그것을 운반한 사람들을 돌려보내고 길갈 근처 우상들이 있는 곳에서 다시 발길을 돌려 혼자서만 에글론에게 되돌아왔다. 그리고 그에게 말했다.

"제가 왕께 드릴 하나님의 말씀을 갖고 왔습니다."

말을 마치자마자 에훗은 왼손을 뻗어 오른쪽 허벅지에서 칼을 뽑아 에글론의 배를 찔렀다. 칼의 손잡이도 칼날을 따라 들어갔다. 에훗이 칼을 에글론의 배에서 빼내지 않아 몸 속의 기름이 칼날을 감싸고 등 뒤로 나왔다.

에훗은 에글론에게 대표로 공물을 바치던 사람이었다. 이스라엘 전체에서 세금을 거두어 대표로 기름 덩어리 에글론에게 바치던 사람이었다. 죄인이다. 게다가 그는 왼손잡이였다. 그런데 그런 그가 놀라운 일을 해냈다. 기름은 히브리어 '헤레브'인데, 제사 용어로 많이 쓰인 단어다. 기름은 제사와 율법의 상징이다. 인간의 행위, 인본주의를 말한다. 그 악을 오른손의 아들들 가운데 왼손잡이 에훗이 우편 다리에 감추어진 검이 되어 제거해 버린 것이다.

어쭙잖게 밖에 있는 대적과 싸우겠다고 수선 떨 필요가 없다. 신앙생활은 하나님이 바로 나와 전쟁하고 계신 것이다. 그 전쟁에서 내 바닥을 봐야 한다. 내 한계를 절감해야 한다. 그렇게 나를 부정하고 부인할 때, 좌우에 시퍼런 날이 선 말씀의 칼에 의해 예수를 알아 가는 것이다.

오른손의 아들 집안에서 왼손잡이 쪼다로 태어났지만 에훗은 모든 것이 합력하여 선을 이룬 사사였다. 에훗은 만족하겠지? 한 평생을 이름처럼 살다 갔으니 말이다. 에훗이란 이름에는 '연합과 일치'란 뜻이 있다.

우리가 알거니와 하나님을 사랑하는 자 곧 그의 뜻대로 부르

심을 입은 자들에게는 모든 것이 합력하여 선을 이루느니라

롬 8:28

대박 인생은 로또가 아니라 하나님의 발 아래에 있다

나뭇잎 한 장만한 엽서에다 글과 그림을 꽉꽉 채웠던 적이 있었다. 좋아하는 라디오 DJ에게 줄기차게 날려 보냈던 작은 엽서가 문득 떠오른다. 손편지를 쓴 적이 언제였던가. 한참을 생각해도 가물가물하다.

며칠 전에 책장을 정리하다가 군 복무 시절에 주고받았던 손편지들을 발견하고 어찌나 반갑던지. 그 시절 여자친구였던 아내와 주고받은 편지가 꽤나 낯설었다. 목마른 사람이 우물을 판다고 내가 보낸 편지가 받은 편지보다 훨씬 많다. 내무반 침상에 앉아 글쓰기로 우물을 파고 있는 한 이등병을 생각하니 미소가 사라지지 않는다.

《율곡집》에는 율곡이 주고받은 편지가 기록되어 있다. 받은 편지뿐만 아니라 보낸 편지까지 기록되어 있다니 확실히 그는 범인이 아니다. 당대 최고의 성리학자였던만큼 친구를 향한 애틋한 우정도 특별했나 보다. 그중, 벗 우계 성혼에게 쓴 편지글에 이런 문장이 담겼다.

"호원족하(浩原足下), 전 일에 보내 준 글을 받았는데…"

호원이란 율곡의 절친했던 벗 우계 성혼의 자(字)이다. 자는 상대방을 호칭하는 또 다른 이름인데 율곡은 우계를 호

원이라 불렀던 것이다. 호칭은 그렇다 쳐도 이름 다음에 나오는 '족하'라는 단어가 눈에 거슬린다. '발 아래'라는 뜻 아닌가. 그렇다. 당시에는 족하는 동년배 사이에서 상대편을 높여 부를 때 쓰며 이름 뒤에 붙이는 존칭이었다. 그 유래는 다음과 같다.

중국 춘추시대 왕 진문공(晉文公)이 간신에 휘둘리자 충신이었던 개자추(介子推)는 면산으로 들어가 숨어 버렸다. 진문공은 그를 세상으로 나오도록 설득했지만 그는 나오지 않았다. 진문공은 그를 산에서 나오도록 하기 위해 불을 질렀다. 그러나 그는 끝내 버드나무를 끌어안고 타 죽고 말았다. 개자추를 발견한 진문공은 오열을 한다.

"悲乎, 足下"(슬프다, 족하)

진문공은 개자추가 끌어안고 죽은 버드나무로 나막신을 만들게 했다. 그리고 개자추가 생각날 때마다 나막신을 굽어보며 자신의 인물됨이 그의 발끝에도 미치지 못한다면서 탄식하고 부끄러워했다. 후에 '족하'란 말이 경칭으로 쓰이다가 오늘날에는 형제의 자녀를 부르는 '조카'로 바뀌게 된 것이다.

중국의 황제는 폐하(陛下)라 불렸다. 웅장한 대궐의 섬돌 아래에서나 멀리서 우러러 볼 수 있는 존재이기 때문이다.

조선의 임금은 전하(殿下)라 불렀다. 역시 경복궁 근정전 전각 아래에서나 우러러 볼 수 있는 존재였기 때문이다. 조카는 족하(足下)이다. '발 아래'라는 뜻이니 얼마나 가까운 사이겠는가. 동년배나 아랫사람에게 쓰는 품위 있는 말로 자녀나 다름없는 가까운 혈육에게 쓰는 존칭이다.

믿음의 조상 아브라함에게는 자녀나 진배없는 조카가 한 명 있었다. 형님 하란이 남기고 간 외동아들 롯이다. 롯은 삼촌인 아브라함과 할아버지 데라와 함께 기나긴 여행을 떠났다. 당시 최고의 문명권이었던 메소포타미아의 갈데아 우르 왕조를 떠나는 막막한 여행길이었다.

> 너를 축복하는 자에게는 내가 복을 내리고 너를 저주하는 자에게는 내가 저주하리니 땅의 모든 족속이 너로 말미암아 복을 얻을 것이라 하신지라 **창 12:3**

하란 땅에 머물던 그들은 이 말씀에 의지하여 다시 약속의 땅을 향해 떠난다.

혹시 성경에 '로또'가 나온다는 사실을 아는가? 창세기 12장 4절을 발음되는 대로 읽어 보자.

이에 아브람이 여호와의 말씀을 따라갔고 롯도 그와 함께 갔으며 아브람이 하란을 떠날 때에 칠십오 세였더라 창 12:4

'롯도'라고 표기된 부분은 과연 '로또'라고 읽힌다. 롯은 로또라도 맞게 되는 것일까? 삼촌과 함께 고향을 떠난 롯은 천신만고 끝에 가나안 이주에 성공했다. 기근으로 이집트로 내려갔다가 다시 가나안으로 들어왔을 때는 가축과 재산이 너무 많아져서 아브람과 함께 살 수 없는 지경까지 이른다. 정말 롯의 인생이야말로 로또 인생인 듯 보인다.

아브라함의 양치기들과 롯의 양치기들 사이에 싸움이 일어날 정도로 그 땅은 그들이 함께 머물기에는 너무 좁았다. 그들이 함께 지내기에는 그들이 가진 것이 너무 많았던 것이다. 마침내 아브라함은 롯에게 제안한다.

"나를 떠나거라. 만약 네가 왼쪽으로 가면 나는 오른쪽으로 가겠고 네가 오른쪽으로 가면 나는 왼쪽으로 가겠다."

롯은 통 크게 양보하는 삼촌의 제안을 받아들여 사방에 물이 넉넉한 요단 동편으로 떠났다. 그렇게 벧엘에서 삼촌을 떠나 독립한 롯은 초장이 넉넉하고 비옥한 사해 연안 도시 소돔 근처에 정착하였다.

그러나 롯은 얼마 지나지 않아 그돌라오멜 연합군과 사해 연맹국들 사이에 발생한 전쟁 와중에 포로가 되었다. 아브라함은 자기 조카가 포로로 잡혀갔다는 소식을 듣고 훈련받은 자기 사람 318명을 거느려 단까지 쫓아가 그들을 다 쳐부쉈다. 그리고 롯과 롯의 모든 소유를 되찾아왔다. 그렇게 롯은 삼촌에 의해 구출되었다.

롯의 인생은 그야말로 롤러코스터였다. 타락할 대로 타락한 소돔과 고모라에서 살았던 롯은 그 도시를 멸하시는 하나님의 유황불 심판 속에서 믿음 없는 아내를 잃고 말았다. 소금 기둥이 된 아내를 뒤로하고 롯은 그곳에서도 극적인 구원을 얻게 됐다. 아브라함을 기억하신 하나님이 그 성들을 뒤엎으심 가운데서 롯을 구해 주신 것이다.

소알을 떠나 동굴에서 살았던 롯과 두 딸은 천륜을 거슬러 모압과 암몬을 배태하기까지 이른다. 희비의 쌍곡선을 그린 롯의 인생은 그야말로 험한 세월이었다. 롯의 험한 세월은 이기적이고 물질적인 선택의 결과가 무엇이고, 죄악된 이 세상이 한 개인과 가족에게 어떤 영향을 끼치는지를 가르쳐 주는 반면교사(反面敎師)였다. 롯의 인생은 신기루를 좇는 최후의 어떠함을 알려주는 몽학선생(夢學先生)이다.

롯은 로또가 아니었다. 75세에 부름받은 아브라함도 99세가 될 때까지는 하나님의 전능하심을 신뢰하지 못했다.

"100살이나 먹은 사람이 어떻게 아들을 낳겠습니까? 아내 사라가 90살이나 됐는데 어떻게 아이를 가질 수 있겠습니까? 그냥 하갈을 통해 주신 이스마엘이나 잘 키우겠습니다."

하나님 앞에서 얼굴을 땅에 대고 엎드렸지만 하나님은 그가 하나님을 믿지 못하고 비웃는 것을 보셨다. 이처럼 전능하신 하나님의 수태 고지에도 비웃음으로 일관한 아브라함은 100세에 낳은 이삭을 품에 안고 나서야 하나님을 향한 믿음의 웃음을 지을 수 있게 되었다. 이삭은 토스트 빵 브랜드가 아니라 '웃음'이라는 뜻의 히브리어다.

> 아브람이 구십구 세 때에 여호와께서 아브람에게 나타나서 그에게 이르시되 나는 전능한 하나님이라 너는 내 앞에서 행하여 완전하라 창 17:1

그렇게 하나님은 당신을 전능하신 하나님으로 선언하시고 아브라함의 인생에 개입하셨다. 그리고 마침내 아브라함을 믿음의 조상으로 만들어 가셨다. 99세까지 아브람(Abram, 높은 아버지)으로 살던 인생을, 아브라함(Abraham, 열국의 아비)이라는 인생으로 시작케 하신 하나님의 열심이었다.

믿음의 조상 아브라함도 조카가 족하에서 유래했다는 사실은 모를 것이다. 그러나 그는 조카 롯을 통해 배웠을 것이다. 우리 인생이 누군가의 '발 아래'에 납작 엎드려야 진짜 인생으로 거듭난다는 것을 말이다.

인생 한 방이니 대박 인생이니 하는 허탄한 로또 신화에 뜻을 두지 말자. 우리는 전능하신 분의 '발 아래'에 뜻을 두자 아닌가. 우리가 엎드릴 곳은 모든 만물 위에 교회의 머리 되신 그분의 '발 아래' 외엔 없다.

또 만물을 그의 발 아래에 복종하게 하시고 그를 만물 위에 교회의 머리로 삼으셨느니라 엡 1:22

너의 왕은 누구냐, 너냐?

수험생이나 취업준비생에게 곤혹스러운 통과의례가 하나 있으니 바로 면접고사다. 면접 위원과 마주 앉아 시종일관 긍정적인 표정으로 뚜렷한 소신과 전문성을 드러내야 하니 보통 진 빠지는 게 아니다. 이 진땀 나는 시험은 누구나 피해 가고 싶은 힘든 관문이다.

중국 당나라 시대에도 관리를 등용할 때 만만치 않은 관문을 통과해야 했다. 면접 과목으로는 '신언서판'(身言書判)이라고 하는데 용모, 말씨, 글씨, 판단력을 말한다. 그들은 이 네 가지를 인재가 갖추어야 할 덕목이라고 생각한 것이다. 우선, 신(身)이란 풍채와 용모로서 사람을 처음 대했을 때 느끼는 첫인상이다. 언(言)은 언변을 이르는 말로서 자신의 뜻을 시의적절하게 표현할 수 있는 합당한 언어구사력을 말한다. 서(書)는 필적을 이르는 말로서 글씨는 그 사람의 됨됨이와 인생 발자취를 대변한다 하여 매우 중요시하였다. 마지막으로 판(判)은 문리(文理), 곧 사물의 이치를 깨달아 아는 냉철한 판단력을 뜻하는 말이다.

바야흐로 디지털 사회가 도래하면서 지금의 면접고사와 당나라의 신언서판의 교집합에서 벗어난 유일한 과목은 '글씨'일 것이다. '판서와 필기'에서 벗어나 '토론과 발표'로 전환되고 있는 수업 문화가 가장 큰 요인이다. 디지털 문서가 일반화된 정보화 사회에서 퇴화된 학생들의 손글씨는 충분히 예상된 결과였다. 전 국민의 필체가 하향평준화로 치닫고 있는 이 형국에, 개발새발이니 악필이니 운운하는 것은 '나를 꼰대로 불러 달라'고 재촉하는 것일 수도 있다.

되는대로 마구 갈겨 놓은 악필을 가리킬 때 흔히들 개발새발이란 말을 쓰곤 한다. 2011년부터 복수 표준어로 인정된 개발새발의 원형은 원래 '괴발개발'이다. 괴발개발은 '고양이의 발과 개의 발'이라는 뜻이다. 동물의 발재간이 사람의 손재간에 비유되는 건 분명 자존심 상하는 일이다. 고양이 발이든 개 발이든 새 발이든 동물의 족적이 사람과 필적(匹敵)할만한 필적(筆跡)은 아니지 않은가. 동물의 발이 사람의 손을 능가할 수도 없겠지만 사람의 손이 동물의 발 구실을 하는 것도 보통 치욕이 아닐 것이다.

그 치욕의 주인공이 성경에 등장한다. 바로 신 바벨론 제국의 제2대 왕인 느부갓네살이다. 왕자 시절부터 바벨론의 창설자인 아버지 나보폴라살을 도와 당대 최강국인 앗수르의 수도 니느웨를 함락시킨 당대 최고의 왕이었다. 그는 앗수르를 멸망시켰을 뿐만 아니라 갈그미스 전투에서 이집트

를 격퇴시킴으로써 명실상부한 중근동 패권을 거머쥔 입지전적(立志傳的)의 인물이었다.

느부갓네살은 B.C. 605년에 왕위에 오른 후 남진 정책을 펴 남유다의 왕 여호야김과 여호야긴을 차례로 포로로 끌고 갔다. 이때 제1차 바벨론 포로로 잡혀간 사람이 그 유명한 다니엘과 세 친구들이다. 그들은 비록 바벨론의 교육을 받고 그곳의 음식을 먹어야 했지만, 오직 하나님께만 뜻을 두고 하루하루를 살아 냈다. 하나님의 은총으로 학문의 지식과 지혜의 명철을 얻은 다니엘은 산적한 문제들을 쾌도난마(快刀亂麻)로 처리했다. 뿐만 아니라 다니엘은 전 세계의 역사적 흐름과 느부갓네살의 꿈이 가져올 비참한 최후까지 거침없이 예언했다.

어느 날 바벨론 왕궁의 옥상을 거닐던 느부갓네살이 자신의 속내를 밝혔다.

"내가 세운 이 성 바벨론은 위대하지 않은가? 나는 내 큰 힘과 권력으로 내 위엄의 영광을 위해 이 도시를 건설했다."

자신의 힘과 능력에 취해 모든 영광을 다 취해 버린 느부갓네살은 끝 간 데 없는 교만 때문에 하늘의 왕으로부터 최후통첩을 받는다.

"느부갓네살아, 네게 선언한다. 이 나라 왕의 자리는 네게서 떠났다. 너는 사람들에게 쫓겨나서 들짐승과 함께 살며 소처럼 풀을 먹을 것이다."

결국, 사람들에게 쫓겨난 느부갓네살은 소처럼 풀을 뜯어 먹고, 그 몸은 하늘 이슬에 젖은 채 들짐승처럼 치욕의 7년을 산다.

느부갓네살의 대를 이은 벨사살은 선대왕의 교만을 타산지석(他山之石)으로 삼았어야 했다. 그러나 그는 신하들 천여 명을 위해 벌인 큰 술판에서 왕비와 후궁들, 귀족들과 함께 자신의 아버지 느부갓네살이 예루살렘 성전에서 빼앗아 온 금 그릇과 은 그릇을 가져오게 했다. 금, 은, 쇠, 청동, 나무, 돌로 만든 신들을 찬양하기 위함이었다.

그 순간 그의 눈앞에 사람의 손가락이 나타났다. 그 손가락은 왕궁 촛대 맞은편 석고로 된 흰 벽에 글을 써 내려갔다. 오금이 저리는 벨사살은 몸은 간신히 지탱했지만 겁에 질린 눈은 숨길 수 없었다. 그 손가락의 주인공은 하나님이셨다. 마침내 하나님이 써 내려간 심판의 메시지가 벽에 나타났다. "메네 메네 데겔 우바르신"(Mene mene tekel upharsin). 아람어를 알 턱이 없는 바벨론의 지혜자들과는 달리 성령으로 충만한 다니엘은 거침없이 그 메시지를 해석해 냈다.

"벨사살이여, 왕은 느부갓네살의 아들로서 아버지의 교만

의 결과를 다 알면서도 마음을 낮추지 않았습니다. 오히려 왕은 하늘의 주인을 거역하고 자신을 높였습니다. 예루살렘 성전에서 가져온 그릇들을 왕 앞에 가져오게 해 왕과 귀족 들과 왕비들과 후궁들이 다 그것으로 술을 마셨습니다. 듣 지도 못하고 알지도 못하는 거짓 신들을 찬양했습니다. 정 작 왕의 생명을 손에 쥔 하나님께는 영광을 돌리지 않았습 니다. 그래서 하나님이 이 손가락을 보내서 이 글을 쓰신 겁 니다."

벨사살의 궁중 연회에 나타난 하나님의 캘리그라피는 경 고를 넘어 심판의 메시지였다. 아람어로 쓰인 그 글은 "세고 세었으며 무게를 달고 나누었다"는 뜻이다. 메대-바사 제국 에 의해 바벨론이 멸망함과 동시에 벨사살 왕이 하나님께 심판받을 것을 예언하는 문장이었다. 실제로 그날 밤 바벨 론은 메대-바사 군대에 의해 멸망당하고 말았으니 이 예언 이 성취된 해는 B.C. 539년이다.

정보화 처리된 디지털 서체는 깔끔하고 정갈하지만 개성 과 정감이 없다. 그래서인지 최근 들어 캘리그라피가 인기 다. 레트로 열풍을 견인했다고 해도 과언이 아니다. 유연하 고 동적인 선의 흐름, 글자 자체의 독특한 번짐, 손가락이 강 약의 차이로 나타나는 다양한 굵기, 여백의 균형미 등 순수

조형의 관점에서 캘리그라피가 현대인들에게 주목받기 시작했다.

세계를 뒤흔든 패권자였지만 제국의 왕은 하나님의 캘리그라피에 주목했어야 했다. 하나님의 메시지는 단순했다. "누가 왕이냐?"는 것이었다. 오늘날 성경이 내게도 질문한다.

"네 인생의 왕이 누구지?"

왕 되신 주의 옷자락을 잡기로 내 마음을 정할 때, 내가 쓴 나의 왕관을 내려놓을 수 있다. 그때에야 비로소 우리 인생은 빛나기 시작한다. 내 인생의 왕을 명확하게 인식하고 그분을 주목하는 것이 가장 복되다. 그 손가락은 지금도 내 마음 한복판에 멋진 작품 하나 남긴다.

"너를 그만 섬기고, 오직 그만 섬기라!"

죽은 시인의 소회가 나의 소회가 되기를

사람은 저마다 마음에 거문고 하나씩은 품고 있다. 그것을 심금(心琴)이라고 한다. 줄이 팽팽하지도 늘어지지도 않아야 맑은 소리가 나는 것처럼 마음 속 거문고의 울림은 간단치가 않다. '심금을 울리는 감동' 말이다.

시가 문학의 대가인 앤더슨(Anderson)은 그의 책《깊은 곳에서》(Out of Depth)를 통해 '감동은 마음 깊은 곳에서 나와 마음 깊은 곳까지 닿아야 가능하다'고 했다. 인지적 영역을 넘어 감정과 무의식의 세계로까지 닿아야 비로소 심금이 연주된다는 것이다. 이 책의 부제는 '시편이 오늘 우리에게 말하는 것'(The Psalms Speaks for Us Today)이다. 시편과 전도서는 케케묵은 고리짝 옛날이야기에서 멈추지 않고 오늘을 살고 있는 우리에게도 저릿한 교훈으로 마음속 깊은 곳에서 깊은 울림을 주고 있다.

오늘날 수많은 감동의 이야기들은 소설로 시작해 영화로 마무리되는 경우가 많다. 시나리오를 작성해 배우를 섭외하고 로케이션 촬영을 마치면 극장을 빌려 필름을 돌린다. 은막(silver screen)에 투영된 영상이 관객의 마음에 닿아 심금을 울려야 하는 이 지난한 과정은 영화인이라면 평생 짊어져야 할 인생의 짐이다. 화려하고 자극적인 소재가 범람하는 현대 스크린 현장 속에서 시를 소재로 한 영화가 성공을 거두기란 가히 쉽지 않다.

30년 전에 한 영화가 그 어려운 일을 해냈다. '죽은 시인의 사회'가 바로 그 주인공이다. '전통, 명예, 규율, 최고'를 교훈으로 하는 미국의 웰튼 아카데미는 1859년에 설립된 미국 최고의 명문 사립 고등학교이다. 이 학교 출신인 존 키팅 선생은 그 학교의 새로운 영어 교사로 부임한다. 키팅 선생은 첫 시간부터 라틴어 '카르페 디엠'(Carpe de diem)을 외치며 파격적인 시 수업을 진행한다.

그 수업을 듣던 학생들은 아이비 명문 대학만을 바라보느라 정작 자기 자신을 바라보지 못했다. 성공한 부모님의 꿈을 이뤄 드려야 하니 현재 따위는 당장 저당 잡힐 수밖에. 그런데 그런 아이들 앞에 "현재를 누려라!"라고 외치는 이 괴짜 선생이 나타난 것이다. 수많은 아포리즘을 적고 외웠지만 이 말이 살아 꿈틀거리기 시작한 건 처음이다.

아이들은 사라졌던 교내 동아리 '죽은 시인의 사회'를 재결성하여 인생의 참 의미를 찾아간다. 때로는 일탈과 갈등을 통해 전통과 권위에 맞서기도 한다. 그리고 마침내 그런 스승을 향해 "오 캡틴! 마이 캡틴!"이라 부르며 책상 위에 올라선다.

끝끝내 그 책상 위에 오르지 못한 닐은 아버지의 뜻에 따라 의대 입학만을 바라보던 아이였다. 자신의 꿈을 못마땅해하는 아버지의 폭력과 엄마의 무기력 앞에 그가 선택한 것은 자신의 목숨을 포기하는 것이었다. 경주와도 같은 인생길 위에서 위기에 놓인 닐이 전화 한 통 할 곳이 있었다면 얼마나 좋았을까?

"911. What's your emergency?"(911입니다. 무슨 비상 상황입니까?)

미국의 긴급 전화번호 911처럼 전도서 9장 11절은 숨넘어가는 인류에게 긴급 심폐소생술을 해 주는 듯하다. 재물, 건강, 성공, 명예, 건강, 소소한 행복을 위해 매일같이 앞만 보고 경주해 온 인류를 '휴먼레이스'라고 하는 것은 어쩌면 너무나 당연한 터. '남보다 뒤처지면 안 된다', '실력을 키워서 승리를 쟁취하자', '체력은 국력이고 힘이 곧 선이다', '꿈과 희망을 키우는 행복한 미래' 등 저마다 성공과 행복을 향한 열망을 발산하는 현대 인류에게 생명을 불어넣는 전도자의 응급 처치는 다소 생소하다.

내가 다시 해 아래에서 보니 빠른 경주자들이라고 선착하는 것이 아니며 용사들이라고 전쟁에 승리하는 것이 아니며 지혜자들이라고 음식물을 얻는 것도 아니며 명철자들이라고 재물을 얻는 것도 아니며 지식인들이라고 은총을 입는 것이 아니니 이는 시기(time)와 기회(chance)는 그들 모두에게 임함이니라 전 9:11

전도서의 저자가 누구던가. 태어나 보니 아버지가 다윗, 금수저 일곱 개를 물고 태어난 성공의 아이콘, 솔로몬이 아니던가. 그는 최고의 지혜자요 최대의 강한 자이며 최다의 부요자였다. 이렇게 모든 것을 가진 자가 내린 인생의 결론이 '해 아래에서 배태된 온 인류의 몸부림은 의미 없다'였다니. 그의 뿌리 깊은 비관주의는 전도서 열두 장 전체를 통틀어 '의미 없음'을 뜻하는 히브리어 '헤벨'을 무려 서른여덟 번이나 사용할 정도였다. 그러한 냉소적이고도 허무주의적인 문제 접근 방식은 하나님을 떠난 인생은 배설물 그 자체라는 것을 설명하는 데 가장 적확했다.

사람이라면 응당 잘 먹고, 잘살고, 하는 일마다 잘되기를 바란다. 이런 인생은 하나님이 주시는 선물이라고도 할 수 있다(전 3:13). 그러나 인생의 종착역, 인생의 절대 절망인 죽음 앞에서 인간이 무엇을 할 수 있단 말인가.

다시 911로 돌아가자. 전도자는 9장 11절을 이렇게 마무리하고 있다. 오직 그들 모두에게 때와 기회가 있다고 말이다. 허무와 절망의 끝자락에 실낱같은 희망이 하나 걸려 있

다. 내가 숨 쉬는 지금 이 순간이 내게 허락된 절호의 기회라는 것이다.

찬스! 이것은 축복이다. 놓칠 수 없는 특권이다. 내 코끝에서 들숨과 날숨이 들락거리는 이 순간, 두려운 죽음 앞에서도 오늘을 의연하게 즐길 수 있는 비결을 알아챘다. 이미 절망의 죽음을 경험하시고 그 죽음을 정복해 버리신 예수 그리스도가 우리에게 완벽한 자유를 주셨기 때문이다. 죽음을 이긴 부활 소망은 우리의 삶과 수고를 더 이상 헛되지 않게 해 줌이 분명하다.

> 너는 하나님 앞에서 함부로 입을 열지 말며 급한 마음으로 말을 내지 말라 하나님은 하늘에 계시고 너는 땅에 있음이니라 그런즉 마땅히 말을 적게 할 것이라 전 5:2

해 아래, 땅에서 하는 모든 수고가 헛된 것이라면 해 위, 하늘에 계신 하나님과 하는 모든 시간은 복되다. 바울은 푯대를 향하여 그리스도 예수 안에서 하나님의 부르신 부름의 상을 위하여 달려간다고 말했다(빌 3:14). 일평생 바울이 완주했던 믿음의 경주는 그냥 뜀박질이 아니었을 것이다. 복, 그 자체이신 하나님을 앞세운 경주, 바로 은혜의 달음질이었다. 이를 공식으로 표현하면 'G(od) + race = Grace'다.

이미 오래 전에 죽은 한 시인의 마음이 내 심금을 울리는 이유는 연필에 침을 묻혀 가며 꾹꾹 눌러 썼을 그의 소회가 잘 전달되었기 때문이리라. 죽은 시인의 품은 뜻이 오늘을 살아야 하는 내게도 같은 소회가 되기를.

PART

4

Part 4.

놓을 때 얻게 되는 모순, 믿음

하나님을 인과응보의 틀에 가두고 있지 않은가

네 시작은 미약하였으나 네 나중은 심히 창대하리라 욥 8:7

이 말씀은 주로 식당이나 사업장 같은 곳에서 볼 수 있다. 멋진 액자에 담겨 눈에 잘 띄는 곳에 걸려 있곤 한다. 그런데 이 구절은 사실 사업장의 번창을 바라는 순수한 마음과는 거리가 멀다. 축복과 번영이라면 사족을 못 쓰고 가훈화하려는 조급한 시도를 멈추고 과연 이 성구에는 어떤 내막이 있는지 반드시 짚고 넘어가야 한다. 상황과 맥락 안에서 말씀을 읽지 않고 좋은 말이면 무엇이든 갖다 거는 파편화된 성경 인식을 그저 귀여운 무지의 소치로 넘기기엔 다소 무리가 있다.

바로 이 말씀이 성경에 대한 무지와 동시에 기복으로 가득한 대표적인 아전인수(我田引水)이자, 애꿎은 견강부회(牽強附會)이다. 공연히 딴지 걸고 싶은 마음은 추호도 없다. 하지만 성경 해석의 오류는 거짓 축복의 남용으로 이어지기에 약간의 경각심을 가져 보자는 것이다. 가을철에 새로 돋아난 짐승의 털만큼의 충정이 있다면 욥기를 다시 읽어 보자.

욥기는 성경 중에서도 기록 연대가 가장 오래된 책으로 꼽힌다. 이러한 욥기의 주제는 '성도에게 허락하신 역경과 고난을 어떻게 이해해야 하는가?'이다. 책은 천상어전(天上御殿)에서 벌어진 회의석상에서의 일로 시작한다. 하나님은 사탄에게 욥을 자랑하신다.

"내 종 욥을 유심히 살펴보았느냐? 땅 위에 그런 사람이 없다. 그는 흠이 없고 정직한 자로서 하나님을 경외하고 악을 멀리하는 사람이다."

음흉한 데다 심술까지 궂은 몽니쟁이는 하나님의 믿음이 틀렸다고 강변한다.

"욥이 아무런 이유 없이 하나님을 경외하겠습니까? 주께서 그와 그 집안과 그가 가진 모든 것의 사면에 울타리를 쳐 주지 않으셨습니까? 주께서 욥이 손대는 일에 복을 주셔서 그 가축이 땅에서 늘어 가는 것입니다. 하지만 주께서 손을 뻗어 그가 가진 모든 것을 쳐 보십시오. 그러면 그가 분명 주의 얼굴에 대고 저주할 것입니다."

사실 욥기 전체가 욥과 친구들의 동방 문학적 성격의 순화논법을 가진 긴 담화이기 때문에 오늘날의 독자들이 읽기에는 매우 지루한 데다가 간명하지가 않다. 어쨌든 이런 사탄의 말에 하나님은 "그의 소유물을 다 네 손에 맡기겠다.

다만 그의 생명에는 손대지 말라" 하셨고, 사탄은 그길로 욥이 가진 재산은 물론 가족, 건강까지 송두리째 빼앗는다.

욥기는 처절한 고난에 빠진 욥의 울부짖는 기도와 그의 친구들의 권면과 충고가 교차되면서 이야기가 흘러간다. 욥의 세 친구는 엘리바스, 빌닷, 소발이다. 그들은 욥에게 고난이 온 데에는 반드시 그 앞에 원인이 있다고만 생각했기 때문에 시종일관 욥을 공격했다. 그중 어이없는 빌닷의 충고가 바로 "네 시작은 미약하였으나 네 나중은 심히 창대하리라"이다. 그는 또 이런 말도 했다.

5 네가 만일 하나님을 찾으며 전능하신 이에게 간구하고 6 또 청결하고 정직하면 반드시 너를 돌보시고 네 의로운 처소를 평안하게 하실 것이라 욥 8:5-6

어떤가? 오늘날 교회에서 흔히 들을 수 있는 권면이자 충고가 아닌가! 그러나 이러한 욥의 세 친구의 사고방식에는 아주 큰 위험이 따른다. 그들은 '하나님은 죄를 짓지 않은 자에게 고난을 주시는 분이 아니다'라고 생각했다. 즉, 고난의 이유는 우리의 죄 때문이라는 것이다. 그들에게 하나님은 '인과응보(因果應報)의 하나님'이다. 그래서 그들은 고난이 왔다면 반드시 그 앞에 어떤 전제가 있을 수밖에 없다고 생각했다. 하나님을 '벌주시는 하나님'으로 제한한 그들이 하나님께 받을 것이라곤 책망밖에 없었다.

1작과 2작 모두 공전의 히트를 기록한 영화 '신과 함께'의 근간 사상은 '인과율'이다. 인과 또는 인과성이라고도 하는 인과율은 어떤 상태(원인)에서 다른 상태(결과)가 필연적으로 일어나는 경우의 법칙성을 일컫는다. 원인과 결과라는 개념 자체가 '사회적 실천 과정과 세계에 대한 인식 과정'에서 만들어진 것인데, 여기에는 '모든 현상에는 반드시 원인이 있고 세계의 모든 현상이 인과적으로 제약당하고 있다'는 명제가 따른다.

욥기는 '어찌하여 의로운 자가 고난을 당하는가?', '어찌하여 악인이 형통한가?', '과연 하나님은 의로우신가?'라고 하는 신정론적 문제에 대한 해답을 제시해 준다. 또한 욥기는 고대 근동의 보편적 세계관인 인과응보의 법칙을 초월하여 '하나님의 섭리는 오묘하고 절대적으로 선하다'는 것을 밝힌다. 따라서 욥기의 결론은 흙의 자리에 있는 인간이 절대 주권자이신 하나님께 내놓을 것은 감사와 찬송밖에 없다는 것으로 마무리한다.

소위 인간이 추구하는 행복의 3요소는 건강한 육신, 풍요로운 물질, 사랑하는 가족이다. 이 행복의 조건들을 하루아침에, 그것도 송두리째 상실한 욥은 비로소 삶과 죽음의 문제를 새롭게 인식한다. 욥은 하나님을 단지 '인과응보의 하나님'이라는 굴레 안에 가둬 버린 친구들과 달랐다. 여전히 자신에게 왜 그 엄청난 고통을 허락하시고 힘든 역경을 겪게 하시는지 이유를 몰랐지만, 그럼에도 불구하고 생사화복을 주관하시고 만유를 주재하시는 하나님만이 인생의 주권자임을 인정한 것이다.

구복원수(口腹怨讐)란 말이 있다. "목구멍이 포도청"이란 뜻으로, 살아 내기 위해서는 그 어떤 극한 직업도 마다하지 않고 힘들고 괴로운 순간을 이겨 낸다는 말이다. 구직난으로 속 끓이는 사람들도 많지만, 대개의 직장인들과 자영업자들은 오늘도 그 무서운 목구멍을 위해 처한 자리를 견뎌 내고 있다. 분명 소명 의식으로 시작한 직업(vocation)이었건

만, 생계를 유지하는 직업(job)으로 전락한 쓸쓸한 직업인도 적지 않다. 하지만 그 직업은 나와 하나님, 나와 가족, 나와 네가 만나는 위대한 인생의 무대이다. 비록 내 입과 목구멍을 채우기에 급급해 보일지 몰라도 직업을 통해 나의 사명은 빛을 드러낼 것이다. 극한 직업(extreme job)으로 내몰린 우리의 고된 인생과 비참한 현실을 마주한 극한의 욥(extreme Job)이 묘하게 대조되고 있지 않은가.

극한의 욥이 자신의 온전한 인생 사명을 끝까지 지킬 수 있었던 비결이 있다. 욥은 결단코 친구들의 주장에 타협하지 않았다. 그리고 죽을 때까지 자신의 온전함을 포기하지 않겠다고 결사의 다짐을 내놓는다. 자신의 인생을 주관하는 분이 하나님임을 분명히 아는 자의 용기 있는 선언인 것이다. 매일 크고 작은 영적 전장에서 치열한 전쟁을 치르는 우리의 자세 또한 욥의 그것과 다름없어야 한다. 밤낮으로 우리를 참소하는 불구대천이자 철천지원수에게 우리는 이렇게 선포해야 한다.

24 능히 너희를 보호하사 거침이 없게 하시고 너희로 그 영광 앞에 흠이 없이 기쁨으로 서게 하실 이 25 곧 우리 구주 홀로 하나이신 하나님께 우리 주 예수 그리스도로 말미암아 영광과 위

엄과 권력과 권세가 영원 전부터 이제와 영원토록 있을지어다
아멘 유 1:24-25

신앙은 의외로 간단할 때가 있다. 우선 호흡을 가다듬어
야 한다. 숨 가쁜 나의 호흡을 버리고 넉넉한 주님의 호흡을
찾는 것이다. "죽겠다! 죽겠다!" 하는 푸념 일색의 급박한 호
흡을 믿음 충만한 넉넉한 호흡으로 바꾸면 "주께 있다! 주께
있다!"가 된다.

그 다음은 관점의 전환이다. 뒤집어 생각할 때 비로소 이
해되는 것이 신앙이다. '역경'을 거꾸로 읽으면 '경력'이 된
다. 내게 찾아온 역경은 언젠가 경력으로 되돌아온다. 나를
올곧게 성장케 하는 인생 자양분 역할을 톡톡히 할 것이다.

"내 힘들다" 한숨짓는 우리의 삶 속에 폭포수처럼 쏟아지
는 주의 음성이 들리지 않는가. 거꾸로 읽으니 "다들 힘내"
하는 응원이 된다. 이 말을 들으니 축 처진 어깨가 봉긋 솟
는다.

주의 폭포 소리에 깊은 바다가 서로 부르며 주의 모든 파도와
물결이 나를 휩쓸었나이다 시 42:7

한계란 없다(feat. covid19)

　삶의 본보기가 될 만한 훌륭한 말이나 세상 이치에 맞는 귀한 말을 '명언'이라고 한다. 최근에는 명언과 글자 모양이 비슷하다는 이유로 '떵언'이라 명명된 재미있고 재치 있는 말들이 곳곳에 넘쳐난다. 그중 한 주부의 떵언을 소개할까 한다.

　"나는 아이로 태어나서 소녀로 자라 여자가 됐다가 아내로 변신하고 엄마로 자리를 잡았다. 다시 여자가 되고 싶다. 남편은 아이로 태어나서 소년으로 자라 남자가 되어 가더니 남편의 탈을 쓰는 척하다 외모만 아빠가 되고 다시 아이로 돌아갔다. 다시 네 엄마한테 갔으면 좋겠다."

　한계 상황에 도달한 부부의 세계를 날카롭지만 유쾌하게 비꼰 떵언이다. 서로 뜨겁게 사랑해서 부부의 세계로 들어갔지만 그 안에서 한계를 느낀 현실 부부들의 신음소리는 이미 여러 TV 드라마의 단골 소재가 된 지 오래다.

　택배로 배달되어 온 계란 상자를 열었다가 이런 상황을 만난다면 어떨까? 서른 알이 꽉 차 있어야 할 계란 한 판에서 한 개가 사라진 것이다. 그것도 정중앙에 있어야 할 계란 한 개가 말이다. 이때, 나도 모르게 나오는 떵언 한 마디.

"한 계란 없다."

인생의 한계를 느끼게 되었다는 것은 어른이 되어 가는
증거다. 진달래 먹고 물장구치고 다람쥐 쫓던 어린 시절은
한계가 없다. 마냥 좋은 것이다. 그것이 아이들의 특권이다.
톡톡 튀고 속이 뻥 뚫리는 사이다 같은 인생이면 참 좋으련
만 어디 그게 현실이겠는가.

최근에 알게 된 우리말이 하나 있다. '톺다'라는 말이다.
참 생소하다. 이런 말이 있었나 싶다. 이 말은 삼을 삼을 적
에 그 끝을 가늘고 부드럽게 하려고 톱으로 훑어내는 것을
의미한다. 삼의 거친 부분을 고른 톱으로 쭉쭉 훑어 내어 가
늘고 고른 섬유질만 남게 하는 것이다. 거칠어진 내 삶의 결
도 톺아 내면 부드럽고 뽀얀 새살이 돋을까? 우리네 인생은
이실직고(以實直告)하면 한계 상황이다. 미세한 틈도 허락지
않았던 견고한 내 인생도 어느새 금이 가기 시작한다. 가파
른 인생 언덕이 실로 벅차고 답답하다.

가끔은 침묵이 도움이 될 때가 있다. 견해를 내놓을 소양
도 없을 뿐더러 속내를 내보일 용기도 없기 때문이다. 그런
면에서 보면 자크 라캉(Jacques Lacan)이 말한 '무지의 열정'은
침묵에 대한 반란이다. 무식해서 용감하다고 했던가. 어쩌
면 인생을 몰랐기에 이렇게 살아왔는지도 모르겠다. 한 살

한 살 나이가 들고 철이 들수록 인생은 온통 모르는 것 투성이다. 톺아보면 볼수록 한계만 느끼는 게 인생이다.

하이데거와 함께 독일 실존주의의 대표라 불리는 칼 야스퍼스(Karl Jaspers)는 '한계상황'(限界狀況, Grenzsituation)이란 용어를 세상에 내놓았다. 사람은 이를테면 죽음, 고뇌, 투쟁, 죄책감, 삶의 의문처럼 살아 있는 동안에 반드시 불가피하게 직면할 수밖에 없는 상황이나 감정이 있는데, 이런 것들을 통해 극한을 경험할 때 사람은 비로소 자신의 실존을 각성한다는 것이다.

이처럼 우리는 극한으로 내몰려 봐야 내구성과 지구력에 관하여 제대로 이해할 수 있다. 나의 한계를 시험하는 지점에서 나의 최대치가 확인되는 것이다. 그런 것도 할 수 있고, 그렇게까지 버텨 낼 수 있는 가능성은 극한의 상황이 되어서나 발휘되는 것들이다. 가능성이란 위기의 대처방법으로 실현된다. 뚫고 지나온 후에야 뚫게 한 능력이 있음을 깨닫는다. 가로 놓인 후에야 뛰어넘을 수 있는 능력이 있음도 알게 된다.

알 속의 병아리는 껍질을 벗고 세상에 나오는 비밀의 순간을 모른다. 껍질 안에서 쪼아 댄 병아리의 안간힘보다 밖에서 쪼아 준 어미 닭의 애씀이 더 크다는 것을 알 턱이 없다. 병아리가 안에서 쪼고(啐), 동시(同時)에 어미 닭이 밖에서 쪼아 깨뜨린다는(啄) 한자 성어 '줄탁동시'는 인간에게 한계란 있다는 것을 깨닫게 하는 위대한 자연의 섭리다.

자연의 섭리가 이해되면 철이 든 것일까? 봄철의 설렘을 지나 여름철의 열정을 불태우고, 가을철의 원숙함을 지나 겨울철의 회한에 잠기는 것을 반복하고 받아들인다. 그렇게 사계절을 통과하다가 인생의 한복판에서 한계 상황을 맞닥뜨리면 아득한 구렁텅이로 하염없이 곤두박질한다. 평생토록 내 심장을 뛰게 했던 그 무엇도 의미가 없어지는 순간이다.

몸 한 가운데 자리 잡은 심장은 온몸에 피를 보내는 가장 중요한 장기다. 신체뿐만 아니라 사물의 중심을 비유할 때도 거론될 정도로 심장은 인체의 핵심이다. 그래서인지 심장에는 왕관이 연결되어 있다. '관상동맥'이라 불리는 이 동맥은 심근에 산소와 영양을 공급한다. 동맥 모양이 마치 옛날 왕관을 뒤집어 놓은 모양과 닮았다 하여 왕관을 뜻하는 관(冠)자를 써서 관상동맥이라 부른다. 내 몸의 한 가운데 놓인 이 왕관을 생각하노라면 내 인생 한 가운데서 왕 노릇하고 있는 나 자신을 발견한다.

2020년 초부터 창궐한 코로나 바이러스는 전 세계를 공포에 빠트리고 있다. 바이러스의 외피를 감싸고 있는 돌기들이 마치 왕관의 모양과 비슷하다 하여 붙여진 '코로나'는 스페인어로 '왕관'이란 뜻이다. 이 죽음의 왕관은 점령군이 되어 우리의 일상을 치고 들어왔다. 손 소독과 마스크 착용, 거리 두기로 우리를 압박했다. 그들은 시간이 지나자 본색을 드러내기 시작했다. 방역, 보건, 위생 정도로 만족하지 않았다. 서로를 감시하고 의심하게 만들었다. 스치는 타인을 잠재적 감염원으로 째려보기 시작했다. 국가적으로 외출과 모임을 제한하면서 자영업자들의 입에선 한숨만 나오기 시작했다. 전 세계가 '코로나 블루'로 물들기 시작하더니 '팬데믹'을 넘어 '패닉'에 빠졌다. 인간의 한계가 고스란히 드러난 순간이다.

학생이 학교에 있고 교인이 교회에 있는 것이 당연한 줄로만 알았다. 하늘과 바다는 늘 곁에 있을 줄 알았다. 4차 산업혁명이니 인공지능이니 우리의 미래는 희망만 가득할 거라 생각했다. 더 안전하고 더 행복하고 더 완전한 세상이 될 줄 알았다.

가노라 三角山(삼각산)아 다시 보자 漢江水(한강수)야

故國山川(고국산천)을 떠나고자 하랴마난

時節(시절)이 하 殊常(수상)하니 올동 말동 하여라.

병자호란 당시, 청(靑)에 항복한 후에도 끝까지 싸울 것을 주장한 김상헌은 인질로 끌려가면서 당시의 현실을 눈물로 베어 물었다. 그리고 고국을 떠나는 심정과 충신의 비분강개(悲憤慷慨)를 거침없이 배설하였다. 그의 명작에 감히 댓시를 달아 대시(dash)해 본다면 큰 결례가 될까?

> 물렀거라 코로나야 썩 비켜라 限界(한계)야
> 아무리 생각해도 내 힘으론 살 수 없네
> 時節(시절)이 하 殊常(수상)하니 살동 말동 하여라.

'수상한 그녀', '수상한 파트너', '수상한 이웃' 등 한때 유행했던 '수상~' 시리즈 덕분에 '수상'이라는 단어가 친숙해졌다. 수상은 '보통과는 달라 이상하기 때문에 의심한다'는 뜻이다. 지금 이 시대는 분명히 이상한 시절이다. 그래서 한 번쯤은 의심해 봐야 한다.

창조 질서가 깨진 그 순간부터 인류는 하 수상한 시절을 맞이했다. 완전했던 그 시절이 깨지며 인간은 한계를 느끼기 시작했다. 끊임없이 배태한 문명이 완전하다고 칭송했지만 그 한계를 감출 순 없었다. 한계가 있는 인생을 인정하고, 한계가 없는 그분을 기억하고 싶다.

'죽음, 역병, 전염병'이란 뜻의 히브리어 '데베르'는 '말하다'라는 뜻의 '다바르'에서 유래된, 뿌리가 같은 한 단어다. 세상의 중심에서 나의 왕관을 쓰고 앉아 있는 우리에게 주님은 '데베르'를 통해 '다바르'해 주신다.

그렇다면 주님은 이 다바르를 우리 인생의 어디에 놓기를 원하실까? 성경 66권 중에서 정중앙에 위치한 시편 119편은 성경에서 가장 긴 절을 담고 있다. 무려 176절에 달한다. 히브리어 알파벳 스물두 개를 가지고 열여덟 절씩 배열한 이 편은 온통 다바르에 관한 내용이다. 증거, 도, 법도, 율례, 계명, 판단, 말씀, 길, 강령 등 다양한 다바르를 통해 강조하려는 것은 너무나 명확하다. 사람은 빵으로만 사는 것이 아니라 하나님의 입에서 나오는 모든 말씀으로 사는 존재라는 것이다. 아이러니하게도 인간의 무력함이 드러난 한계 상황에서 주님의 말씀은 빛을 본다.

사람은 한계가 있는 존재로 지어졌다. 그 한계를 통하여 우리의 전 생애를 주님의 다바르에 의존하도록 설계된 것이다. 그래서 시편 기자는 성경의 정중앙인 시편 119편에서, 그중에서도 정중앙인 96절에서 이런 고백을 하는 게 아닐까?

내가 보니 모든 완전한 것이 다 끝이 있어도 주의 계명들은 심히 넓으니이다 시 119:96

험난한 인생길에 주저앉은 우리, 멍하니 앉아 있는 우리를 향해 손짓해 주시는 주님이 보이지 않는가? 죽음의 왕관이 아닌 생명의 면류관을 약속하신 주님의 다바르가 들리는 듯하다.

주의 말씀은 내 발에 등이요 내 길에 빛이니이다 시 119:105

캄캄한 밤에 유일하게 의지했던 내 발의 등불만 의지해야지. 내 인생의 길 비춰 주시는 그 빛만 따라가야지. 그러다 보면 이 또한 지나가겠지. 그 길은 생각보다 길지 않을 것이다.

비굴한 인생은 아닐지라도 하늘 앞에서는 굴복해야 함을

월드컵으로 한창 뜨거웠던 2002년, 국산 영화로 흥행 1위를 기록한 조폭 코미디 영화 '가문의 영광'은 무려 다섯 편의 시리즈물을 탄생시킬 정도로 흥행몰이에 성공했다. 이 영화의 내용을 한 문장으로 정리하자면 '전라도 조폭의 엘리트 사위 얻기' 프로젝트다.

'가문의 영광'처럼 전라도에는 진짜 영광이 있다. 영광(榮光, Glory)이 아닌 영광(靈光, Glorieux) 말이다. 전라남도에서 유일하게 노령산맥 이북에 있는 영광군은 전라남도 북서부에 위치해 있다. 북쪽으로 고창군에, 동쪽으로 장성군에, 남쪽으로 함평군에 접해 있다. 원자력 발전소와 원불교 영산성지, 그리고 국내 3대 낙조 전망대로 손꼽히는 노을 전시관은 해넘이 장소로 유명하다.

그래도 영광 하면 뭐니 뭐니 해도 굴비다. 굴비는 조기를 소금에 절여 해풍에 말린 것을 말한다. 조기는 이름 자체가 '기운을 북돋아 준다'는 뜻이다. 그중에서도 참조기는 예로부터 귀한 생선이라 특별한 날에만 상에 올랐다. 맛도 단백하고 고소해 우리나라 국민이 가장 좋아하는 생선 1위에 뽑힌다고 한다. 단백질을 비롯해 각종 미네랄이 풍부하게 들어 있어 기력을 회복하고 원기를 보충하는 데 효과가 있다.

굴비라는 이름의 유래는 크게 두 가지 설이 있다. 첫째
는 조기를 말릴 때 끈으로 엮어서 말리면 허리가 굽는데, 이
때 조기의 모양을 보고 '굽다'의 고어인 '구비'로 부르던 것
이 굴비로 변했다는 설이다. 또 하나는 고려 인종 때 법성포
로 귀양 온 이자겸이 소금에 절여 말린 조기의 맛에 반해 임
금에게 바쳤는데, 이때 '나는 임금에게 아부하는 것이 아니
라 백성된 도리로서 진상하는 것이다'라는 의지를 나타내기
위해 '나는 비겁하게 굴하지 않는다'는 의미로 '굴비'(屈非)
라고 이름을 붙였다고 한다. 참 사연 많은 생선이 굴비이지
싶다.

어디 이 세상에 사연 하나 없는 사람이 있겠는가마는, 사
연 많은 성경 인물 하면 모르드개가 떠오른다. 그는 식민

지가 된 조국을 떠나 지배 국가에서 수많은 사연을 삶으로 겪어 낸 인물이다. 베냐민 지파의 유대인이었던 모르드개는 바벨론에 포로로 끌려가 바벨론의 신 마르둑(Marduk)에서 유래한 이름으로 살게 되었다. 사촌 여동생 에스더를 딸처럼 양육하며 바벨론 땅에서 사연 많은 포로 인생이 시작되었다.

바벨론 시대가 끝나고 페르시아 제국 시대가 도래했다. 아하수에로 왕은 왕비 와스디가 자기 말을 거역하자 폐위시키고 모르드개의 사촌 에스더를 새 왕비로 간택하였다. 어느 날 모르드개가 대궐 문 앞에 앉아 있을 때, 왕의 내시 빅단과 데레스가 아하수에로 왕을 암살할 거라는 계획을 알게 되었고, 왕후 에스더에게 알려 암살 음모가 미연에 방지되었다. 이 일은 궁중일기에 기록되었다.

시간이 지나고, 왕은 하만을 높이 들어 총리대신으로 앉혔다. 궁궐 대문에서 일하는 모든 신하들이 그가 지나갈 때마다 무릎을 꿇고 절했는데 모르드개는 무릎을 꿇지도, 절을 하지도 않아 하만의 노여움을 샀다. 하만은 모르드개는 물론 그의 동족인 유대인 전체를 몰살할 계획을 세우고 왕의 허락을 받았다. 이 일을 알게 된 모르드개는 옷을 찢고 굵은 베옷을 걸치고 재를 뒤집어쓴 채 대성통곡했다. 하나님께 대한 믿음이 확고부동한 모르드개는 에스더가 왕 앞에 나아가기를 이와 같이 강권했다.

이때에 네가 만일 잠잠하여 말이 없으면 유다인은 다른 데로 말미암아 놓임과 구원을 얻으려니와 너와 네 아버지 집은 멸망하리라 네가 왕후의 자리를 얻은 것이 이때를 위함이 아닌지 누가 알겠느냐 하니 에 4:14

그 오빠의 그 동생이라던가? 마침내 에스더도 모르드개에게 믿음의 회신을 한다.

당신은 가서 수산에 있는 유다인을 다 모으고 나를 위하여 금식하되 밤낮 삼 일을 먹지도 말고 마시지도 마소서 나도 나의 시녀와 더불어 이렇게 금식한 후에 규례를 어기고 왕에게 나아가리니 죽으면 죽으리이다 하니라 에 4:16

어느 날, 하나님의 역사로 왕은 밤잠을 설치게 됐고, 그 바람에 궁중실록을 읽다가 모르드개의 공적을 보게 되었다. 왕은 그의 공적에 대한 상을 내리고 싶어 하만을 불러 그 방법을 물었다. 하만은 그것이 자기에게 주는 상인 줄 알고 왕과 같은 대접을 하시라고 제안했으나, 그 영광은 모르드개에게 돌아가고 말았다. 모르드개는 그의 대적 하만이 갖고 있던 권위의 반지를 자기의 손에 끼게 되었고, 하만은 모르드개를 처형하고자 했던 나무에 달려 죽게 되었다. 페르시아라는 무대에서 하나님이 친히 연출하신 각본 없는 드라마 한 편이 탄생한 것이다. 하나님은 모든 상황을 완전히 역전시키셔서 친백성의 눈물과 통곡을 찬송과 감사로 바꿔 주셨다. 이 날을 기념하여 부림절(Days of Purim)이 제정되었고, 지금도 유대인들은 회당에 나가 에스더서를 읽으며 민족의 구원을 기뻐하는 축제로 이 절기를 지키고 있다.

중국인들이 자주 쓰는 말 중에 "남아슬하유황금"(男兒膝下有黃金)이란 말이 있다. "남자의 무릎 아래에는 황금이 있다"는 뜻으로, 어디서도 쉽게 무릎 꿇지 않는 중국인들의 자존심과 체면 문화를 잘 나타내는 속담이다. 모르드개가 그랬다. 페르시아의 실세였던 하만에게 허리 한번 굽히지 않았던 그는 비록 몸은 포로로 끌려왔을지언정 영혼만큼은 끌려가지 않았다.

영광 법성포에서 개성의 궁궐까지 굴비를 진상했던 이자겸이 끝까지 지키고 싶었던 것 역시 어디서든 쉽게 굴하지 않겠다는 중국의 속담과 크게 다르지 않았을 것이다. 그러나 사람 앞에서는 비굴하지 않아도 하늘 앞에서는 굴복해야 함을 그는 알았을까? 하늘을 찔렀던 고려 문벌귀족의 막강한 권세가에서 귀양살이하는 초라한 노인으로 스러져 가던 한 인생을 영광의 법성포는 기억하고 있을 것이다.

아름다운 바닷물 소리와 저 멀리 칠산바다의 빛나는 노을로 채색된 법성포구에서 인터넷을 열었다. 법성은 법 '법'(法)에 성스러울 '성'(聖)을 쓴다고 한다. 사람들은 이곳을 불연(佛緣, 부처와의 인연)이 깊은 곳이라고들 말하겠지만 전라남도 영광 법성포는 주의 '영광'을 위하여, 주의 '법'을 기뻐하는 주의 '성도'(聖徒)들이 일어나는 곳이면 어떨까.

주의 긍휼히 여기심이 내게 임하사 내가 살게 하소서 주의 법은 나의 즐거움이니이다 시 119:77

얼마 전 법성포가 고향인 후배와 법성포를 여행한 적이 있다. 후배는 옛날 백제 시대에 불교가 이곳으로 처음 들어왔다고 설명했다. 멀리 칠산바다에서 불어오는 바닷바람에 머리칼을 쓸어 올리며 후배가 내게 물었다.

"형, 인도에서 불교를 처음 들고 온 고승의 이름이 뭔지 아세요?"

알 리가 있나.

"글쎄다. 누구야?"

"마라난타래요."

"오, 주여! 마라나 타!(Marana tha) 주 예수여, 오시옵소서!"

하나님은 실패의 현장에서 승리를 쟁취하신다

벨기에 플랑드르의 아름다운 자연을 배경으로 한 소설 《플랜더스의 개》(*A Dog of Flanders*)는 내 유년 시절을 눈물로 젖게 한 인생 동화이다. 한때 이 동화를 원작으로 한 TV 애니메이션이 방영되었는데, 주인공 네로와 아로아 곁에서 컹컹 짖으며 뛰노는 커다란 개 파트라슈의 사랑스러운 모습이 지금도 눈에 선하다. 유일한 혈육인 할아버지가 하늘의 별이되고, 겨울보다 더 추운 세상을 마주한 어느 날, 네로는 파트라슈와 나란히 누웠다. 화가를 꿈꿨던 그가 가장 동경했던 루벤스 그림 아래에서…. 이 세상에서 가장 춥고 외로운 길을 떠나는 네로 곁에 끝까지 남아 준 건 파트라슈밖에 없었다.

"꿈꿀 수 있어, 너와 함께라면 무엇이든!"

영원히 잠든 네로와 파트라슈는 함께 꿈을 꾸는 친구였다. 한 소년과 늙은 개 이야기는 단순한 슬픔을 넘어선 깊은 울림이 있다. 노는 것, 먹는 것밖에 몰랐던 치기 어린 한 소년의 가슴에 이토록 선명한 흔적이 남을 정도로.

"행복이란 따뜻한 강아지 한 마리다."(Happiness is a warm puppy!)

만화가 찰스 슐츠(Charles Schulz)가 한 말이다. 그는 찰리 브라운과 스누피를 주인공으로 한 만화 '피너츠'(Peanuts)를 통해서 이 단순하면서도 단호한 애견인의 소회를 밝히고 있다. 요즘엔 우리나라도 애견인이 늘어나면서 반려견에 대한 대접이 남달라지고 있다. 개들을 어린이에 빗댄 '개린이'라는 단어까지 등장했을 정도다. 달라진 위상에 맞게 관련 시장도 커졌다. 반려동물 전용 옷가게, 미용실, 카페는 대중화된 지 이미 오래다. 화장장과 납골당을 갖춘 반려동물 장례식장에 이어 전용 유치원까지 나올 정도니 말 다했다.

그 옛날, 야생 늑대였던 개가 이처럼 인간들과 가까워지면서 현대 사회는 새로운 문화를 맞닥뜨리게 되었다. 성숙한 반려동물 문화를 조성하고 반려견과 사람이 행복하게 어우러져 사는 방법을 함께 모색하자는 TV 프로그램까지 생길 정도다. 이처럼 인간 사회에 깊게 들어온 개는 점차 담당하는 일이 전문화, 세분화되었다. 반려견은 물론, 군견, 경찰견, 경비견, 경호견, 교도견, 소방견, 보조견, 시각장애인 안내견, 치료 도우미견, 노인 도우미견, 인명 구조견, 마약탐지견, 폭발물탐지견, 검역견, 사냥견, 투견, 썰매견, 경주견, 목양견 등… 알고 보니 개는 정말 대단하다. 아니, 개는 훌륭하다.

그런데 어쩌다가 우리의 언어생활 속에서는 개가 홀대를 받아 왔을까? 온갖 비속어와 욕설에 등장하는 것은 기본, 개

나리나 개떡처럼 함량 미달이나 하찮은 것에 늘 따라붙는 단골 접두사이기도 하다. 개꿈, 개털, 개판, 개소리, 개고생처럼 헛되고 쓸데없으며 어지럽고 혼란스러운 상황은 만만한 개로 퉁 쳐 버리지 않았던가.

요즘에 와서야 개가 대접받는 세상이 되어서인지 그 뉘앙스가 조금 바뀌었다. 엄청나게 큰 이득은 '개이득', 대단함과 달콤함을 합쳐 '개꿀'을 만들고 '개꿀잼'과 '개꿀팁'까지 파생시켰으며 '몹시', '대단히'라는 의미의 부사로 탈바꿈해 '개좋아', '개힘들어', '개급해', '개맛있어'라는 언어의 '개 상위 시대'를 맞게 되었다.

이러한 시대를 사는 현대인에게 마태복음 15장은 매우 낯선 이야기가 될 듯하다. 두로와 시돈 지방에 사는 한 가나안 여인이 예수께 와서 울부짖었다.

"자비를 베풀어 주십시오! 주 다윗의 자손이여! 제 딸이 귀신 들려 몹시 괴로워하고 있습니다."

그러나 그런 여인에게 예수님은 매몰차게 한마디 내뱉으신다.

"나는 이스라엘 집의 잃어버린 양들 외에는 보냄을 받지 않았다."

딸자식 하나 고쳐 보겠다고 모든 체면 내려놓고 울부짖는 이 여인에게 어디 할 소리인가? 더 나아가 여인의 가슴에 비수를 꽂는 예수님의 다음 멘트는 귀를 의심하지 않을 수 없다.

"자녀들의 빵을 가져다 개들에게 던져 주는 것은 옳지 않다."

우리가 믿는 사랑의 예수님이 맞는가? 이 여인에게는 자신은 물론 아픈 딸까지 개로 만들어 버린 이 한마디가 얼마나 아팠을까? 그러나 여인은 그런 아픔을 느낄 새가 없었다. 여인이 바로 대답한다.

"그렇습니다, 주여. 하지만 개들도 주인의 상에서 떨어지는 부스러기는 먹습니다."

여인은 스스로 자신을 '상 아래의 개'로 추락시킨다.

곧이어 예수님은 말씀하신다.

"여인아, 네 믿음이 크구나! 네 소원대로 될 것이다."

이 말씀이 떨어지자 여인의 딸이 곧바로 낫는다. 개는 구속사 속에서의 유대인의 선택적 위치에 대조되는 이방인을 가리키는 말이다. 또한 개는 하나님과 연합된 자로서 하나님 자녀 됨을 거부하고 돈, 자식, 명예, 인기 등에 마음을 빼앗긴 아담의 후손 전체를 가리키는 말이기도 하다. 하나님의 선택에서 제외된 모든 인간은 이 세상을 그렇게 살다 갈 수밖에 없다. 그런 의미에서 하나님의 선택에서 제외된 자로서의 이방인들을 개라고 부른 것이다.

그래서 성경은 굳이 이 여인을 이방 여인, 가나안 여인이라고 밝히고 있다. 그렇게 도저히 구제가 불가능한, 자타가 공인하는 개에 불과한 여인이 하나님의 은혜로 메시아를 알아보게 되었다. 그리고 그녀는 자신을 통렬하게 자각하고 인정했다. 하나님의 은혜를 입는 순간이다. 주님은 그런 그녀의 믿음의 고백에 '메갈레 피스티스'라는 찬사를 보내신다. 헬라어로 '메가톤급 믿음'이라는 뜻이다. 그러니까 주님이 칭찬하시는 메가톤급 믿음이란, 하나님 이외의 세상 다른 것들에 묶여 있는 자신을 가리켜 '개'라 인정하고, '귀신 들린 자'라는 것을 인정하며, 거기에서 벗어나기 위해서는 예수 그리스도의 십자가 은혜를 믿는 믿음뿐임을 알고 바라는 것을 말한 것이다.

나는 오늘 어떤 삶을 살고 있는가? 여전히 귀신들린 자, '개 같은 인생'을 살고 있지 않는가? 주의 말씀에 의지해서 내 안의 '개' 된 모습을 인정하고 조금씩 몰아내고 있는가? "주여, 나를 불쌍히 여기소서. 나를 개 된 처지에서 구해 주옵소서" 하고 기도하고 있는가?

고종의 이름이 이명복이고 아명이 '개똥이'였다는 것은

유명한 이야기이다. 의료 수준이 미미한 당시에 흔한 잔돌처럼 굴러다니면 무병장수한다는 민속 신앙으로 천한 이름을 얻은 것이다. 고종처럼 갈렙에게도 심오한 뒷이야기가 있었을까? 그나스 사람 여분네는 아들을 낳고 아들의 이름을 '개'란 뜻의 '갈렙'으로 지었다.

갈렙이 누구인가? 유다 지파의 족장이요 열두 정탐꾼 중한 사람으로 가나안을 정탐한 뒤 여호수아와 함께 하나님의 언약을 상기시키며 가나안 땅을 공격하여 정복할 것을 주장한 사람 아니던가? 40세의 나이에 가데스 바네아에서 정탐꾼으로 파견되어 충성을 다했을 뿐만 아니라 가나안 땅에 들어간 뒤 85세의 노구에도 불구하고 모두가 두려워하는 헤브론 땅 아낙 자손의 산지를 정복하고 분깃을 받음으로써 하나님의 언약을 이루어 나가는 일에 앞장선 신실한 믿음의 용사 갈렙. 그가 남긴 유명한 말이 있다.

이 산지를 내게 주소서

그날에 주께서 말씀하신

이제 내가 주님의 이름으로

그 땅을 취하리니

– '이 산지를 내게 주소서' 중

땅에 관심 많은 교인들의 주제가도, 부동산 취득 소원가도 아니다. 그가 말한 산지란 하나님이 언약으로 주신 헤브론 땅이다. 다른 보암직도 하고 먹음직도 한 땅들이 많았지만 그의 눈에는 헤브론 땅밖에 보이지 않았다. 그런데 그 땅은 그리 만만한 곳이 아니었다. 그곳에는 가나안 거민 중에서도 가장 덩치가 큰 거인족, 아낙 사람들이 살고 있었다. 게다가 그 땅은 아무짝에 쓸데없는 황무지였다. 그런데 이미 85세의 노인이었던 갈렙이 이 위대한 고백을 한 것이다.

그날에 여호와께서 말씀하신 이 산지를 지금 내게 주소서 당신도 그 날에 들으셨거니와 그 곳에는 아낙 사람이 있고 그 성읍들은 크고 견고할지라도 여호와께서 나와 함께 하시면 내가 여호와께서 말씀하신 대로 그들을 쫓아내리이다 하니 수 14:12

친숙함과 다정함을 넘어 '개는 훌륭하다'고 외치는 요즘, 약속의 땅을 구하며 나아간 갈렙의 신앙은 그의 이름인 '개'처럼 훌륭하다.

어찌 감히 그런 마음을 품을 수 있겠는가. 거인족 아낙 자손 앞에서 비록 메뚜기 같을지라도 갈렙은 믿음의 칼을 높이 뽑아 들었다. 그 믿음의 칼은 훗날 다윗의 물맷돌 다섯

개와 오버랩된다. 만군의 주 여호와를 조롱하고 있는 블레셋 거인 골리앗 앞에서 승리를 외친다는 것도 다윗에겐 언감생심 아닌가.

그러나 하나님은 기꺼이 그 마음을 품으셨다. 그 마음은 창조주 하나님을 조롱하는 이 세상을 향해 마지막 히든카드를 뽑아 든 것과 같았다. 두 명의 강도 사이에 선 골고다의 십자가였다. 내가 죽어야 할 그 자리에 나부끼는 승리의 깃발, 그것이 복음이다.

인간의 근본적인 두려움인 사망 권세를 조롱하고 영원한 승리를 쟁취해 낸 이 위대한 소식을 알아듣게 하셨으니 이 어찌 기쁘지 아니한가. 하나님은 정말 훌륭하시다.

징크스는 개미만 잡아먹을 수 있다

'전편만 한 속편 없다'는 말이나 '2년 차 증후군'이라는 말
이 있다. 흥행했던 작품의 속편이 전편의 기대에 못 미쳐 흥
행에 실패하거나, 신인 때 잘하던 운동선수가 2년 차에는 기
대에 부응하지 못했을 때 쓰는 말이다. 이를 통칭하여 '서포
모어 징크스'(sophomore jinx)라고 한다. 2학년을 뜻하는 '서포모
어' 뒤에 징크스, 증후군, 슬럼프 등 다양한 말이 붙어 '부진
한 2년차'라는 의미로 쓰이는 것이다. 서포모어 징크스는 운
동선수의 시즌 성적, 밴드나 가수의 두 번째 앨범, 영화의 속
편, 드라마의 두 번째 시즌, 시리즈의 두 번째 책 등 다양한
방면에서 그 쓰임이 넓다.

우리나라에는 대표적인 징크스로 '미역국을 먹으면 시험
에서 떨어진다'는 말이 있다. 산모의 어혈을 풀어 주고 모유
가 잘 나오게 하는 탁월한 효능이 있다고 해서 미역국은 산
모가 출산 후에 먹는 대표적인 음식이다. 그런데 이 좋은 미
역국이 '미역국을 먹었다'는 관용구로 사용되면 엉뚱하게도
'시험에 떨어진다'란 뜻이 되고 만다.

여기에는 서글픈 우리의 역사가 들어 있다. 1907년 8월
1일 오전 11시, 서울 동대문 밖 훈련원에서 군부협판 한진

창이 병사들을 집합시키고 '군대해산 소칙'을 낭독한 사건이 있었다. 일본 헌병들이 중무장한 채 둘러섰고 조선의 병사들은 그 자리에서 강제 해산되고 말았다. 파문은 걷잡을 수 없이 퍼져 나갔다. 이 소식을 들은 황실 근위부대 제1대 대장 박승환 참령은 격분한 나머지 권총으로 자결했고, 병사들은 무기고를 털어 일본군 주둔지를 공격했지만 도리어 78명이 전사하고 만다.

침략자들이 우리의 군대를 강제로 해산시키다니, 이 사태에 충격을 받은 사람들은 두려움과 분개심으로 군대 해산이라는 말을 금기시했다. 강제 해산당한 조선의 병사들은 해산 후 미역국을 먹는 풍속과 연관지어 자신들의 처지를 비관했다.

"우리더러 미역국이나 먹으란 말이냐."

군대 해산(解散)을 산모의 해산(解産)으로 치환한 것이다. 언어유희로 슬픔을 승화시킨 선배들의 페이소스가 연민의 정으로 다가오는 대목이다.

나라가 망해서 그랬을 뿐 징크스와는 아무런 관련이 없는 그 일 때문에 후세대 사람들은 중요한 일을 앞두고 미역국을 먹으면 좋지 않다는 징크스를 만들었다. 이처럼 징크스의 원인을 캐고 보면 아무런 관련이 없거나 서너 번 반복

된 우연의 일치, 그로 인한 학습이 대부분이다. 하지만 사람의 뇌는 원인을 알 수 없는 결과에 어떻게든 원인을 만들어낸다. 문제는 그렇게 한번 뇌에 새겨지면 서로 아무런 연관이 없는 원인-결과 관계가 진실처럼 굳어져 지우기 힘들어진다는 것이다.

그렇다면 도대체 징크스의 정체는 무엇일까? 징크스는 새 이름이다. 딱따구리 과의 '개미 잡이'라고 하는데, 우리나라에서는 여름 철새로 주로 개미를 잡아먹는다. 이미 고대 그리스에서는 이 새를 '윤그스'(junx)라 부르며 마술을 부릴 때 '사람의 힘으로 어찌할 수 없는 운명'을 상징하는 용도로 사용했다고 한다. 당시 부르던 새의 이름이 현재 학명인 '징크스'(jinx)가 됐다.

노력해도 어쩔 수 없는 운명과 불길한 징조의 만남이라…. 뭔가 께름칙한 이 새와 엮이지 않는 비결이 있을까? 의외로 간단하다. 하늘을 보면 된다.

공중의 새를 보라 심지도 않고 거두지도 않고 창고에 모아들이지도 아니하되 너희 하늘 아버지께서 기르시나니 너희는 이것들보다 귀하지 아니하냐 마 6:26

나무나 전봇대 줄에 걸터앉아 쉬고 있는 새를 보라 하지 않고 공중을 나는 새를 보라고 했다. '어떻게든 잘 될 거야!'라는 식의 막연한 낙관론이나 '될 대로 되라!'는 식의 비관적 운명론에 빠지지 말라는 것이다. 새보다 존귀한 우리는 징크스에게 잡아 먹힐 수 없다. 징크스는 개미만 잡아먹을 뿐이다.

까마귀를 생각하라 심지도 아니하고 거두지도 아니하며 골방도 없고 창고도 없으되 하나님이 기르시나니 너희는 새보다 얼마나 더 귀하냐 눅 12:24

누가복음은 그 공중의 새가 까마귀라고 말한다. 어떤 초등학생들의 대화다.

"까마귀가 무슨 뜻이게?"

"마귀가 까매서 까마귀지."

"그럼 마귀가 넷이면 사마귀냐?"

까마귀의 어원은 '가마고리'로, 가마는 '검다'라는 뜻이며, 가마고리는 '검은 새'라는 뜻이다. 얼굴이 까맣거나, 기억력이 안 좋아 잘 까먹는 사람한테 자주 비유되는 까마귀는 성경에 자주 등장한다.

홍수 이후, 노아는 비둘기와 함께 까마귀를 방주에서 내보냈지만 비둘기와 달리 까마귀는 돌아오지 않았다(창 8:7). 그밖에도 율법에서 금한 부정한 음식으로 등장하고(신 14:17), 아버지와 어머니를 조롱하는 자식의 눈을 파내는 새로 등장하며(잠 30:17), 주의 자녀와 대비되는 하찮은 존재로 등장한다(눅 12:24). 성경에 등장하는 까마귀는 참 이기적이며 더럽고, 잔인하며 하찮은 새다.

로마의 이탈리아 부대 백부장 고넬료를 만나기 전, 욥바에 머물던 베드로가 음식이 준비되기 전에 본 환상은 참 특이했다. 하늘이 열리고 큰 보자기 같은 것이 네 귀퉁이가 묶여 땅으로 내려왔는데, 그 안에는 온갖 종류의 네 발 가진 짐승들과 땅에 기어다니는 것들과 공중의 새들이 들어 있는 게 아닌가. 그때 "베드로야, 일어나 잡아먹어라" 하는 음성이 들렸지만 베드로는 "말도 안 됩니다. 주님, 저는 불결하고 더러운 음식은 먹어 본 적이 없습니다" 하고 바로 대꾸했다. 그러자 두 번째 음성이 들렸다.

또 두 번째 소리가 있으되 하나님께서 깨끗하게 하신 것을 네가 속되다 하지말라 하더라 행 10:15

누가 까마귀를 더럽고 끔찍하며 하찮은 새라고 단정 짓는단 말인가? 사실 까마귀는 동물보은 설화의 대표격인 칠석 설화에서 견우와 직녀를 연결한 오작교의 의리조, 성장한 후에는 늙은 어미를 끝까지 보살핀다는 반포지효(反哺之孝)의 효조, 지능지수가 6~7세 아이 수준이라는 조류계의 지능조다. 어디 그뿐인가. 전능하신 하나님께 도구로 선발되어 불의 선지자를 살려 낸 축복의 통로조가 아니던가.

3 너는 여기서 떠나 동쪽으로 가서 요단 앞 그릿 시냇가에 숨고 4 그 시냇물을 마시라 내가 까마귀들에게 명령하여 거기서 너를 먹이게 하리라 왕상 17:3-4

존 스토트(John Stott)는 《새, 우리들의 선생님》이라는 책을 통해 하나님께 쓰임받은 까마귀를 '믿음의 새'라고까지 추켜세운다. 만약 엘리야가 까마귀가 주는 빵과 고기가 구질구질하다고 거부했더라면 훗날 블록버스터 급 영적 결투인 갈멜산의 850:1이 가능했을까? 하나님은 당신의 선지자를 만사형통, 일사천리로 다루지 않으셨다. 그릿시냇가로, 호렙산으로, 로뎀나무로 쫓겨다니게 하셨고, 때로는 까마귀와 과부를 통해 구차하게 연명시키셨다.

엘리야는 보는 대로 살지 않았다. 느낀 대로 살지도 않았다. 매사에 운수나 재수를 따지지 않았다. 징크스를 만들지도 않았다. 단지 위대한 선지자로 빚어지는 축복의 자리를 떠나지 않았다. 끝까지 그를 붙드신 하나님이 계셨기에 가능했다.

제자훈련을 통과한 엘리야는 하나님을 제외한 그 누구의 칭찬이나 야유를 스치고 지나가는 한 줄기 바람으로 여길 뿐이었다. 단단한 내면을 가진 사람은 타인의 평가에 연연하지 않는다. 말씀에 비추어 세운 자기 객관화로 뚜벅뚜벅 걸어갈 뿐이다.

나라는 사람을 늘 남 탓, 세상 탓하는 지질한 숙명론자의 자리에 놓지 않았던가? 너라는 사람을 늘 부담스럽고 하찮은 존재로 취급하지 않았던가? 맞네! 징크스와 까마귀가 우리들의 선생님이었네.

"소중한 나! 참 좋은 너! 아름다운 우리!"

"Nothing is impossible!"

불가능을 가능케 하시는 그분은 오늘도 우리를 그렇게 빚어 가신다.

팔자 타령 그만하고 새롭게 창조하신 주님을 보자

중국인들이 가장 좋아하는 숫자는 8(八, bā)이다. 그 사랑의 정도가 어느 정도냐 하면, 2008년 8월 8일 PM 8시에 열린 베이징올림픽과 자동차 번호 경매에서 '粤B8888R'이라는 번호가 172만 위안(약 3억 원)에 낙찰되었을 정도다. 오징어보다 다리가 두 개 부족하지만 문어를 더 선호하는 것도 다리 개수가 여덟 개여서라는 우스갯소리가 있을 정도다.

그렇다면 중국인들은 왜 그렇게 8을 좋아할까? '돈을 벌다'라는 의미의 '발'(發, fā)과 발음이 비슷하다는 것이 그 이유다. 그래서인지 중국인들이 가장 많이 사용하는 새해 인사는 우리의 "부자 되세요"와 비슷한 의미인 "恭喜發財"(gong xi fa cai)이다.

한자 '필 발'(發)은 풀을 베다는 뜻의 '발'(癶)과 활을 뜻하는 '궁'(弓)이 합쳐진 형성자로, 활과 같은 막대로 풀숲을 헤치며 발을 어지럽게 내딛어 앞으로 '나아가다'는 의미를 가진다. 여기서 활을 멀리 나가게 하니 '쏘다, 발생하다, 돈을 벌다'란 의미가 탄생한 것이다.

"제가 99하면 여러분이 88해 주시기 바랍니다."

나이 지긋한 한 모임에서 자주 쓰는 건배사다. '99세까지 팔팔하게 살자!'고 외치는 그들의 입 주변에는 인생의 흔적으로 패인 팔자 주름이 자리해 있다.

그런데 우리의 일상생활에 널리 쓰이고 있는 숫자 8은 상황이 다르다. 열 달을 채우지 못하고 태어난 사람을 일컫다가 어리석고 야무지지 못한 사람을 일컫는 말로 변한 '팔불출', '팔푼이'라는 말이 8자와 관련 있다. 그밖에도 '팔자가 좋다', '팔자가 세다', '팔자가 늘어졌다', '무자식이 상팔자다', '개 팔자가 상팔자다', '내 팔자에' 등 셀 수 없을 만큼 많은 표현이 8자와 관련이 있는데, 그리 좋은 의미로 들리지 않는다.

동양 철학의 근간인 팔자(八字)는 그 사람이 출생한 연(年)·월(月)·일(日)·시(時)에 해당되는 간지(干支) 여덟 글자를 가리키는 말로 사용되었으나, 사람은 이 팔자의 좋고 나쁨에 따라 일생(一生)이 좌우된다는 관념에서, 일생의 운수를 가리키는 뜻으로 사용되고 있다. 예를 들면, A라는 사람이 갑자년 2001년 4월 22일 21시에 태어났다면 A라는 사람의 팔자는 2001년 갑, 2001년 자, 4월 갑, 4월 자, 22일 갑, 22일 자, 21시 갑, 21시 자의 8자가 되고, 이 팔자에 따라 A라는 사람의 운명은 결정된다는 말이다. 한 사람이 한평생 겪게 될 생(生)·사(死)·길(吉)·흉(凶)·화(禍)·복(福)이 8자를 통해 이미 결정되어 있기 때문이라는 것이 동양 철학이 주장하는 이유다.

'팔자 고쳤다'라는 말이 있다. 사주팔자(四柱八字)를 고쳐서라도 이미 정해진 자신의 운명을 바꾸겠다는 지극히 자연스러운 인간의 본능이 담긴 말이다. 이처럼 죄 때문에 망가진 인생을 고치고 싶어 하는 한 무리가 있다. 아담 이후로 태어난 모든 사람은 영원히 죽을 수밖에 없다는 것을 인정한 자들이다. 파멸을 향해 달려가는 인생의 결국을 알아챘고 은혜로 구별된 그들을 성도라고 한다. 사실 그들 역시 자신이 망가져 있다는 것을 몰랐다. 아니 자신이 어떤 존재인지조차도 몰랐다.

엿새 동안에 걸친 창조의 절정은 사람이었다. 사람을 위한 사랑의 창조였다. 모든 것이 완벽했던 하나님의 창조는 7일째 되는 날, 하나님의 안식으로 창조의 완성을 이루셨다. 그래서 7이라는 숫자는 창조의 수, 안식의 수, 완전수이다. 완전한 사랑을 상징하는 숫자다. 그 완전한 사랑은 죄의 권세와 인간의 패역함을 이기셨다.

"테텔레스타이."

주님은 십자가에서 거친 숨을 몰아쉬며 "다 이루었다"고 마지막 일성을 내뱉으셨다. 이 주님의 외침처럼 하나님의 사랑이 기어코 완성된 순간이었다. 십자가의 완전한 사랑이 성도의 팔자를 바꾼다. 주님은 율법 아래 있는 그 첫 창조에 속한 것들을 허무시고 재창조를 하시기 위해 이 땅에 친히 오셨다. 그리고 초막절의 마지막 날, 그러니까 8일째 되는 날에 이렇게 외치셨다.

> … 누구든지 목마르거든 내게로 와서 마시라 요 7:37

유대인들이라면 으레 행했던 성전 번제단에 물 붓는 의식은 초막절 의식 7일 동안 매일 이어졌다. 아침에 제사장이 금 그릇을 들고 성전의 남쪽 문으로 나가 실로암 연못에서 길어 온 물을 성전 제단에다 붓는다. 마치 여리고성 함락 작전 때의 모습처럼 물 붓기 전에 제단을 한 바퀴씩 돌아야 했고 7일 째에는 일곱 바퀴를 돌았다.

율법에도 나와 있지 않은 이런 의식을 그들은 과연 무엇 때문에 그토록 열심히 행했을까? 그렇게 수고하면 팔자를 고칠 줄 알았다. 무한대의 복을 소유할 줄 알았던 것이다. 주님은 바로 그 8일째에 성전에 나타나셨다. 그리고 7일 동안 열심히 율법과 절기의 물을 부어 가며 복을 기대하던 유대인들에게 이런 메시지를 주셨다.

"미안하지만 너희는 헛된 것에 집중하는구나. 그렇게 물을 부어 대는 너희의 열심과 노력으로 하나님의 영광을 회복하려는 시도는 다 헛된 것이란다. 내가 바로 물이다. 하나님의 영광은 나로부터 회복되는 것이고 그 물은 너희들의 열심과 노력이 아닌 믿음으로 주어지는 것이다. 그 물에 의해 주어지는 것도 화려한 세상의 복이 아니라 하늘의 복인 영원한 삶이란다."

그 영원한 삶을 이미 이 땅에서 시작한 이들이 성도이고 교회다. 그리고 주님은 성도가 역사 속에서 어떠한 모습으로 살아가야 할지를 산상수훈을 통해 선포해 주셨다. 첫째 심령이 가난한 삶, 둘째 애통한 삶, 셋째 온유한 삶, 넷째 의에 주리고 목마른 삶, 다섯째 긍휼히 여김받는 삶, 여섯째 마음이 청결한 삶, 일곱째 화평케 하는 삶, 여덟째 의를 위하여 핍박을 받는 삶 등의 '성도의 여덟 가지 복된 인생'을 선포하셨다.

돈도 많이 벌고, 직장에서도 잘나가고, 팔자 좀 펼 줄 알았는데…. 팔자 좀 고치려고 교회 나가고 하나님 믿었는데…. 내 육적 자아와 주체성이 부인되고 부정되는 이것이 복이라면, 내가 아는 그 복이 이 복이 아니었단 말인가.

홍수 심판 속에서도 방주로 남겨져 새 인류의 새 출발을 내디뎠던 노아 가족은 여덟 명이었다. 예수를 족보에 품고 언약의 왕조를 세웠던 다윗도 이새의 여덟 번째 아들이었다. 그리고 예수 그리스도가 8자의 방점을 찍는다. 유대인의 관례에 따라 태어난 지 8일 만에 할례를 받으시고, 안식 후 첫날인 8일째에 부활하신 주님, 8일째에 승천하시고, 8일째에 제자들을 세상으로 보내신 주님은 과연 8자의 대명사이셨다.

7이 창조의 수라면 8은 어떤 수인가? 완전한 창조 뒤에 오는 재창조, 새 창조의 숫자인 것이다. 헬라어로 '예수'를 'Ιησούς'라고 쓰는데, 이 단어의 숫자값은 10+8+200+70+400+200='888'이다.

더이상 팔자 타령으로 세상에 마음을 빼앗길 시간이 없다. 완전한 그리스도 예수 안에서 이미 팔자 고친 인생임을 깨닫고 감사하면 충분할 뿐이다.

누가 철학과 헛된 속임수로 너희를 사로잡을까 주의하라 이것은 사람의 전통과 세상의 초등학문을 따름이요 그리스도를 따름이 아니니라 골 2:8

캐슬에 살겠는가, 주님의 도성에 살겠는가

'SKY 캐슬'이라는 드라마가 한때 대한민국을 들썩이게 했다. 그 여파는 아직도 여전한데, 으리으리한 석조 주택 단지 안에 모여 사는 대한민국 0.1퍼센트 상류층의 민낯이 고스란히 드러났기 때문이다. 뭐니뭐니해도 이 드라마의 흥행을 추동한 견인차는 '입시'라는 소재다.

이 작품은 합격자의 포트폴리오나 입시 코디를 등장시켜 공정 사회에 대한 불신을 고발하는가 하면 우리 사회에 뿌리깊이 박힌 학벌주의를 폭로했다. 또한 부모의 사회적 지위와 부가 대물림되기 위해선 그 어떤 걸림돌도 용납하지 않는 일그러진 욕망을 들추어 냈다. 그렇게 그럴듯한 가면 뒤에 숨어서 극도의 잔인함을 격발한 인간의 추악함을 여과 없이 전파에 흘려보낸 것이다.

탄탄한 스토리 라인보다는 배우의 외모에 더 의존하는 드라마나 영화도 있다. 1955년에 개봉한 영화 '에덴의 동쪽'의 주인공은 우수에 찬 눈빛과 반항아 이미지로 뭇 여성들의 가슴에 불을 지핀 제임스 딘이었다. 카잔이라는 주인공 역을 메소드 연기로 승화시킨 제임스 딘은 일약 스타덤에 올랐다.

미남의 상징이었던 제임스 딘의 역할 카잔은 사실 창세기

4장에 나오는 가인에서 모티프를 따왔다. 가인은 여호와 앞을 떠나서 에덴 동쪽 놋 땅에서 거주한 아담의 장남이었다. 동생 아벨을 죽이고 하나님을 떠난 실낙원 사건의 장본인이다. 그는 놋 땅에서 아들 에녹을 낳고 성을 쌓았다. 그리고 그 성에 장남의 이름을 붙여 에녹성이라 하였다. 가인과 그의 후손들은 하나님을 떠난 에녹성에서 자기 나름대로의 행복을 구가하며 살았다. 그렇게 가인의 후예들은 번창해 나갔다.

에녹이 이랏을 낳고 이랏은 므후야엘을 낳고 므후야엘은 므드사엘을 낳고 므드사엘은 라멕을 낳았더라 창 4:18

특별히 성경은 아담의 제7대손 라멕의 삶에 돋보기를 갖다 대고 있다. 다른 인물들과는 달리 라멕에 대해 꽤나 소상히 소개하고 있다. 라멕은 아다와 씰라라는 두 여자를 아내로 둔 남편이자, 네 남매의 아버지다. 장남 야발은 축산업자로, 차남 유발은 음악 예술인으로, 삼남 두발가인은 기술자로, 막내 나아마는 직업은 없어도 그 이름의 뜻처럼 즐거운 인생을 사는 자녀이다.

이렇듯 라멕은 특기와 적성을 고려하여 자녀들의 진로와 행복을 위해 애쓴 나름대로 괜찮은 아빠였던 것 같다. 그렇게 라멕은 두 아내, 네 자녀와 함께 에녹 캐슬에서 성공적인 인생을 사는 듯했다. 하지만 성경은 라멕의 내면을 적나라하게 드러낸다.

23 라멕이 아내들에게 이르되 아다와 씰라여 내 목소리를 들으라 라멕의 아내들이여 내 말을 들으라 나의 상처로 말미암아 내가 사람을 죽였고 나의 상함으로 말미암아 소년을 죽였도다 24 가인을 위하여는 벌이 칠 배일진대 라멕을 위하여는 벌이 칠십칠 배이리로다 하였더라 창 4:23-24

어느 날, 집에 들어온 라멕이 두 아내를 부르더니 무용담을 한 편 늘어놓는 게 아닌가.

"여보, 지금부터 내 말 한번 잘 들어 봐. 내가 오늘 별 일을 다 겪었었지 뭐야. 오늘 내가 성 안을 이리 저리 다니는데, 갑자기 어떤 놈이 지나가다가 내게 이런 상처를 입힌 거야. 그래서 내가 어떻게 했는 줄 알아? 어떡하긴. 내가 누구야? 나 라멕이야. 그 어린놈을 그 자리에서 그냥 죽여 버렸지 뭐. 옛날 우리 조상 가인도 사람 죽여서 벌을 일곱 배 받았다고 하잖아? 그럼 난 일흔일곱 배나 받겠네? 벌은 얼어 죽을⋯."

그렇게 가인의 후예들은 하나님을 떠나 버렸다. 아담은 그렇게 첫째 가인과 둘째 아벨을 잃었지만 하나님으로부터 셋째를 선물 받았다. 우리 한국 사람을 배려(?)한 건지 아담은 그 셋째 아들의 이름을 '셋'이라 했다.

셋은 장성해서 에노스를 낳았는데 그때 사람들이 '비로소' 여호와의 이름을 불렀다고 한다. 죄를 짓고 하나님을 떠난 절망의 계보가 셋의 가문을 통해 다시 회복된 것이다. 셋의 계보 또한 성경은 자세히 설명한다. "아담은 셋을 낳고, 셋은 에노스를 낳고, 에노스는 게난을 낳고, 게난은 마할랄렐을 낳고, 마할랄렐은 야렛을 낳고, 야렛은 에녹을 낳았다."(창 5:4-18 참조).

셋의 가문에서 태어난 아담의 제7대손 에녹은 공교롭게도 가인의 후예가 살았던 에녹 캐슬의 그 이름과 동명이인이다. 셋의 후손인 에녹은 어떤 사람인가?

주와 같이 길 가는 것 즐거운 일 아닌가
우리 주님 걸어가신 발자취를 밟겠네
옛 선지자 에녹같이 우리들도 천국에
들려 올라갈 때까지 주와 같이 걷겠네
– 찬송가 430장, '주와 같이 길 가는 것' 중

얼마나 위대한 고백이며 아름다운 다짐인가. 에녹의 일평생은 하나님과 함께 걸었던 동행의 시간들이었다. 그야말로 에녹은 동행의 아이콘이었던 것이다. 하나님과 동행하다가 천국에 들려 올라간 에녹의 365년 인생은 하나님이 온전히 카운트하신 인정받는 삶이었다.

믿음으로 에녹은 죽음을 보지 않고 옮겨졌으니 하나님이 그를 옮기심으로 다시 보이지 아니하였느니라 그는 옮겨지기 전에 하나님을 기쁘시게 하는 자라 하는 증거를 받았느니라 히 11:5

하나님과 동행한 위대한 에녹의 믿음은 증손자인 노아에게까지 유산으로 상속되었다. 노아가 600세 된 그해, 전 지구적인 대홍수 심판이 시작되었다. 믿음으로 준비한 방주 덕분에 셋의 후손은 구원을 받았다. 하지만 자신의 힘을 믿은 가인의 후예들은 에녹 캐슬과 함께 물에 잠기고 말았다.

가인의 족보와 셋의 족보에 동일하게 에녹의 이름이 있다. 두 에녹의 짜릿한 케미가 힘찬 메시지로 들려 온다.

"에녹의 캐슬을 꿈꿀래? 에녹의 동행을 꿈꿀래?"

성 어거스틴은《하나님의 도성》에서 두 도성(캐슬)은 두 가지 종류의 사랑에 근거를 둔다고 했다.

"지상의 도성은 하나님을 경멸하고 자기를 사랑하는 데 근거하고, 천상의 도성은 자기를 경멸하고 하나님을 사랑하는 데 근거한다."

'SKY 캐슬'에서 차민혁 교수가 자녀들의 성공을 위하여 거실 중앙에 배치해 놓은 피라미드는 성공을 상징하는 장치였다. 피라미드의 꼭짓점을 목표로 자녀를 닦달하는 그는 하나님을 경멸하고 자기를 사랑하는 이 시대의 자화상이다.

내 안의 바벨탑이 섬뜩하다. 성공의 캐슬에 갇혀 저주의 바벨탑을 쌓기엔 내 인생이 너무 가엾지 않은가? 그 가련한 인생길에 주님이 개입하신 것을 믿음의 삶이라고 한다.

"저를 전적으로 믿으셔야 합니다. 어머님!"

'SKY 캐슬'을 통해 순식간에 퍼진 유행어이다. 단순히 사교육의 노림수라고 치부하기엔 너무나 중요한 단어가 들어 있다. 입시 코디네이터 김주영 선생의 입에서도 연신 강조되고 있는 믿음이다. 승자가 독식하는 치열한 입시판에서 수험생과 학부모는 전적인 믿음을 발휘한다.

바울이 그의 애제자 디모데에게 한 고백이 귀에 쟁쟁하다.

나는 선한 싸움을 싸우고 나의 달려갈 길을 마치고 믿음을 지켰
으니 딤후 4:7

아임 프리~~